L'élargissement de l'Union européenne et l'adhésion de la Pologne

Le point de vue de la France et de l'Allemagne

von

Irmgard Roux

Maître de conférences à l'Université Catholique de Lyon

Tectum Verlag
Marburg 2004

Roux, Irmgard:
L'élargissement de l'Union européenne et l'adhésion de la Pologne.
Le point de vue de la France et de l'Allemagne.
/ von Irmgard Roux
- Marburg : Tectum Verlag, 2004
ISBN 978-3-8288-8776-3

© Tectum Verlag

Tectum Verlag
Marburg 2004

SOMMAIRE

CHAPITRE III

PREFACE

Le premier mai 2004 l'Europe s'est élargie, 25 pays composent désormais cette Union. Avec cette date, la fin de la séparation de l'Europe est scellée. Le vieux continent n'est plus traversé par des rideaux de fers ou des murs de séparation. Cette date marque véritablement la fin de l'après guerre. Mais le continent compte 45 Etats et beaucoup de ceux qui sont en dehors, lorgnent vers cette Union européenne, notamment certains pays de la CEI, (Communauté des Etats Indépendants), qui revendiquent une appartenance européenne.

Où s'arrête l'Europe ?

L'Allemagne et la France, pays fondateur de l'Union européenne ont toujours soutenu et défendu cette intégration des PECO.

J'ai été invité début mai 2004 à Cracovie à l'Université Jagellonne pour y assurer un séminaire sur le thème de l'élargissement de l'Union européenne et notamment de l'intégration de la Pologne, qui compte plus de la moitié de la population des nouveaux rentrants des PECO en insistant sur le point de vue de la France et de l'Allemagne.

Cette publication est le fruit de ce séminaire.

Je tiens à remercier Madame le professeur Grazyna Jankowska-Jamka et Madame le professeur Barbara Kochan qui m'ont accueillit à l'Université de Jagellonne.

La mobilité des étudiants ainsi des enseignants est un facteur très enrichissant. Dans une Europe réunifiée, les échanges avec les PECO sont à privilégier. Parmi les échanges habituels de congratulations, j'ai été sensible à ceux de Madame Grazyna Jankowska-Jamka de l'Université de Jagellonne de Cracovie

« J'aimerais vous remercier pour votre séminaire, ma collègue et les étudiants l'ont beaucoup apprécié.

Vous leur avez proposé un nouveau regard approfondi et enrichissant sur les relations et les problèmes dans l'Union européenne qui sont maintenant les notres ».

CHAPITRE I

1. La conséquence de la chute du rideau de fer en 1989

Dater précisément le début du séisme qui fera tomber un à un les régimes totalitaires en Europe de l'Est est difficile. Le nouveau dirigeant de l'URSS Michael Gorbatchev qui succéda en 1985 à Tchernenko va autoriser peu à peu l'indépendance des pays satellites vis-à-vis de l'URSS. « Glasnost (transparence) et Perestroïka (renouveau), ces mots resteront pour toujours accolés au nom de Gorbatchev. En décembre 1988 à la tribune de l'ONU, Gorbatchev affirme solennellement la fin de la doctrine Brejnev de la souveraineté limitée des pays de la sphère soviétique et il indique également que la liberté de choix devait être universellement reconnue aux peuples, ce qui impliquait pour l'URSS le renoncement à imposer par la force sa propre vision politique. En octobre 1989, au cours des cérémonies commémoratives du quarantième anniversaire de la R.D.A, il exhorte Erich Honnecker à engager des réformes.

Cependant le rejet du socialisme réel était, dans certains cas, largement antérieur et montrait que derrière l'apparente stabilité, des évolutions s'étaient déjà opérées.

La Pologne avait connu des crises successives et en 1981 la société civile tentait d'imposer un compromis avec le pouvoir en place. La Hongrie en 1956 avait essayé de se libérer du joug soviétique. L'exemple hongrois et le socialisme ouvert, (ce que les Autrichiens appellent le «socialisme du goulasch» pratiqué sous Kadar, traduisaient également ce contrat social entre le pouvoir et la nécessité d'améliorer les conditions économiques par une timide ouverture. Le printemps de Prague en 1968 était également une tentative d'humaniser ce socialisme dur. C'est par la Hongrie que comme dans un jeu de domino, l'effondrement des régimes communistes allait commencer. L'Autriche et la Hongrie devaient partiellement démanteler au cours de l'été 1989 le rideau de fer. Par cette brèche des milliers d'Allemands de l'Est purent rejoindre l'Ouest. Ceci allait déstabiliser les régimes les plus durs comme la Tchécoslovaquie et surtout la R.D.A où le mouvement, irréversible, allait provoquer la chute du mur de Berlin quelques mois plus tard. Dès juin 1990, les autorités de la R.D.A. donnent l'ordre de démantèlement du mur et tous les efforts sont mis en œuvre pour restaurer les voies de communication entre les deux parties de la ville.

Les conséquences immédiates de la fin du rideau de fer sont les suivantes :

• Le bouleversement géopolitique et l'évolution économique après la chute du rideau de fer en 1989. Ce bouleversement en Europe de l'Est allait avoir des conséquences sans précédent depuis 1945 en Europe et notamment pour l'Europe de l'Ouest :

• La disparition du rideau de fer.

• La fin en Europe et dans le monde des deux blocs EST/OUEST.

• La réorganisation géopolitique en Europe.

• La dissolution du pacte de Varsovie.

• L'intégration à l'OTAN en 1999 des trois pays de l'Est : Pologne, Hongrie, République tchèque ainsi que les négociations conduites en novembre 2002 à Prague pour les nouvelles adhésions en mai 2004 des pays suivants : Bulgarie, Roumanie, Slovaquie, Slovénie, Estonie, Lituanie et Lettonie.

• La dissolution du Comecon (CAEM).

• La création de la CEI, Communauté des Etats Indépendants regroupant les ex- Républiques de l'Union soviétique, sauf les pays baltes.

• Le passage des sept pays issus du bloc de l'Est en 27 Etats indépendants. Ces 27 PECO étant d'une part:
L'Europe centrale et balte (15 pays) :
L'Albanie, la Bosnie-Herzégovine, la Bulgarie, la Croatie, l'Estonie, la Hongrie, la Lettonie, la Lituanie, la Macédoine, la Pologne, la République Fédérale de la Yougoslavie, la République tchèque, la Roumanie, la Slovaquie, la Slovénie.
D'autre part :
L'Europe orientale (12 pays constituent la CEI, la Communauté des Etats Indépendants).

l'Arménie, l'Azerbaïdjan, la Biélorussie, la Géorgie, le Kazakhstan, le Kirghizistan, la Moldavie, l'Ouzbékistan, la Russie, le Tadjikistan, le Turkménistan, l'Ukraine.

* L'accélération de l'intégration en Europe de l'Ouest et l'adhésion de l'Autriche, Suède, Finlande en 1995 à l'Union européenne.

* Le traité de Maastricht de 1992 et l'échéancier fixé sur dix ans pour aboutir à une monnaie commune. (Conséquence directe de la réunification de l'Allemagne, pour éviter une zone Mark et un rôle trop fort de l'Allemagne).

LE POINT DE VUE DE LA FRANCE ET DE L'ALLEMAGNE

L'Allemagne contrairement à la France était physiquement concernée par ce bouleversement géopolitique de l'Europe en 1989. Elle souhaitait rapidement concrétiser son vœux le plus cher, la réunification de l'Allemagne, ancrée dans le Préambule de la Loi fondamentale pour la République Fédérale d'Allemagne où laquelle demande explicitement la réunification de son territoire. Les Länder: *Brandebourg, Mecklembourg-Poméranie, Saxe, Saxe-Anhalt, Thuringe,* qui y sont mentionnés constituent la République Démocratique de l'ALLEMAGNE RDA, un Etat souverain reconnu par la communauté internationale.

Voici l'Extrait du Préambule :

Conscient de sa responsabilité devant Dieu et devant les hommes, animé de la volonté de servir la paix du monde en qualité de membre égal en droits dans une Europe unie, le peuple allemand s'est donné la présente Loi fondamentale en vertu de son pouvoir constituant.

Les Allemands dans les Länder de Bade-Wurtemberg, Bavière, Berlin, Brandebourg, Brême, Hambourg, Hesse, Mecklembourg-Poméranie occidentale, Basse-Saxe, Rhénanie du Nord/Westphalie, Rhénanie-Palatinat, Sarre, Saxe, Saxe-Anhalt, Schleswig-Holstein et Thuringe, parachèvent l'unité et la liberté de l'Allemagne par une libre autodétermination.

La présente Loi fondamentale vaut ainsi pour le peuple allemand tout entier.

Après ce bouleversement de 1989, certaines frontières de 1938 ou de 1918 sont rétablies avec la problématique de jadis et les vieilles dépendances géopolitiques resurgissent.

D'abord l'Allemagne réunifiée avec ses 82 millions d'habitants retrouve son poids et sa puissance d'antan. L'Union européenne, était jusqu'alors équilibrée entre la France, l'Italie, l'Angleterre et la RFA. Le traité de Maastricht de 1993 constitue une réponse à cette réunification de l'Allemagne. Elle doit se fondre dans cette union économique et monétaire, renoncer au Deutschemark, et accepter que chaque pays membre prenne part aux décisions. Plus aucun Etat ne peut désormais sur le plan économique, monétaire et financier jouer cavalier seul.

La France de François Mitterand ne pouvait évidemment pas s'opposer à une réunification rapide de l'Allemagne. Mais la crainte d'une grande Allemagne était présente. La fameuse boutade de François Mauriac 1885-1970, romancier essayiste, critique littéraire et chroniqueur : « *J'aime tellement l'Allemagne que je préfère qu'il y en ait deux* » était dans tous les esprits. La France compte alors sur l'Europe pour harmoniser cette communauté des Etats et Mitterrand devient le père fondateur de l'Euro. C'est l'acceptation pour chaque Etat membre de la perte d'une petite partie de sa souveraineté au bénéfice d'une Europe unie.

La fin d'une Europe coupée en deux, la suppression de ce rideau de fer qui empêchait une libre circulation furent saluées par tous les Européens de l'Ouest.

2. La transition

La période de la transformation des économies planifiées en économies de marché fut pour les PECO la plus difficile. Elle a engendré un effondrement du PIB et une paupérisation incontestable de la population. Les pays d'Europe centrale et orientale (PECO) et de la Baltique frappent tous aux portes de l'Union européenne.

Les pays de la Communauté des États indépendants (CEI), y compris la Russie, ont connu des progrès inégaux et font toujours face à de grosses difficultés. En Russie la libéralisation passe souvent d'une économie de plan vers une économie de «clan» tant sa vie économique et politique est gangrenée par un système mafieux.

Le danger de cette transition difficile est de remplacer le rideau de fer par un «rideau social», qui conserverait cette scission de l'Europe en deux, les riches à l'Ouest, les pauvres à l'Est.

Pays en transition d'Europe de l'Est et de l'ex-Union soviétique :

PECO : Albanie, Bulgarie, Croatie, Hongrie, ex-République yougoslave de Macédoine, Pologne, République slovaque, République tchèque, Roumanie, Slovénie. Pays baltes : Estonie, Lettonie, Lituanie.

CEI : Arménie, Azerbaïdjan, Belarus, Géorgie, Kazakhstan, Moldova, Ouzbékistan, République kirghize, Russie, Tadjikistan, Turkménistan, Ukraine.

Pourquoi ces PECO, qu'il s'agisse des pays d'Europe centrale, d'Europe orientale ou des pays baltes ont-ils distancé ceux de la CEI? Que devraient faire la Russie et les autres retardataires pour revenir dans la course ? Une réponse peut être esquissée en suivant les exemples de la transformation des PECO et du processus de transition.

Libéralisation des prix, fixés par le libre jeu du marché, suppression de toutes les entraves à la libre circulation des marchandises, suppression de toutes les barrières commerciales.

Stabilisation macroéconomique, l'inflation est stabilisée puis réduite, après la poussée initiale qui suit la libéralisation des prix et l'assouvissement d'une demande de consommation jusque-là refoulée. Ce processus exige des pouvoirs publics qu'ils appliquent des politiques budgétaires et monétaires rigoureuses.

Restructuration et privatisation, création d'un secteur financier privée, viable (banques privées) et promotion des moyens (crédits) au profit des entreprises pour adapter leur production aux besoins de marchés libres.

Réformes juridiques et institutionnelles, ces réformes sont nécessaires pour redéfinir le rôle de l'État dans ces économies, établir la primauté du droit et mettre en place des politiques favorables à la libre concurrence.

La libéralisation et la stabilisation macroéconomique peuvent être réalisées assez rapidement, tout comme la privatisation des petites entreprises. La privatisation des grandes entreprises et la réforme des lois et des institutions demandent plus de temps. Les nouvelles démocraties doivent légiférer dans ce sens.

Stabilisation de l'inflation et rétablissement de la production, la transition a donc débuté dans la plupart des économies avec une libéralisation rapide des prix, tenus jusque-là artificiellement bas, ce qui a conduit à une poussée immédiate d'inflation. La pression de la demande de consommation, qui avait été réprimée pendant la période de l'économie planifiée centrale, a soutenu cette inflation. Au départ, le taux d'inflation a atteint en moyenne 450 % par année dans les pays d'Europe centrale et orientale, près de 900 % dans les pays baltes et plus de 1.000 % dans la CEI. Toutefois, dès 1998, le taux annuel d'inflation avait été ramené à un niveau inférieur à 10 % dans les pays qui s'en sortaient le mieux, (Pologne, Hongrie, Slovaquie, Slovénie Rép. Tchèque). Les autres avaient une inflation autour de 30 % Roumanie, Bulgarie).

En plus de ce taux d'inflation, un autre choc attendait les économies en transition, une chute initiale beaucoup plus grave que prévu de la production qui a atteint en moyenne 40 % dans les PECO avant de se stabiliser.

Les niveaux de production antérieurs à la transition avaient toute-fois probablement été surestimés par des statistiques faussées. Dès 1998, la production était en hausse en Pologne, Hongrie, Rép. Tchè-que, mais elle restait souvent inférieure à celle de 1989 dans la plu-part des PECO.

COMMENT L'INFLATION A-T-ELLE ETE MAITRISEE?

La plupart des pays qui ont entamé le plus vite la réforme de leur économie ont commencé à rattacher leur monnaie, de manière for-melle ou informelle, à une monnaie forte en l'occurrence au Deuts-chemark. Toutefois, l'arrimage de la monnaie n'est pas le seul méca-nisme qui a été retenu pour réduire l'inflation. Par exemple, beau-coup de pays ont adopté des chartes qui accordaient à leurs banques centrales une indépendance considérable dans l'application d'une politique monétaire rigoureuse, ou ont accepté de se plier à la disci-pline des programmes macroéconomiques appuyés par le FMI.

Pourquoi la production a-t-elle chuté si radicalement au début de la transition ? Pourquoi cet effondrement a-t-il varié d'un pays à l'autre et comment la production a-t-elle finalement été rétablie?

La désorganisation des marchés dus à l'effondrement du Conseil d'assistance économique mutuelle (CAEM) en 1991 a joué un rôle important.

Le 28 juin 1991 le COMECON ou le CAEM (le conseil d'assistance économique mutuelle), s'est dissout lors d'une dernière rencontre à Budapest.

L'approvisionnement des PECO en matières premières, assurée ex-clusivement par l'ex-URSS et exigées désormais en dollars, au prix du marché a très lourdement pénalisé les industries en pleine res-tructuration. Le démantèlement des conglomérats de l'ancien sys-tème, le quasi disparition des débouchés par compensation au sein du COMECON a conduit à la réduction de la production.

Toutefois l'effondrement du système a permis à ces pays de renouer des relations commerciales avec l'ensemble de la communauté in-ternationale et de rétablir les échanges naturels d'autrefois.

L'Union européenne est ainsi devenue le principal partenaire éco-nomique des PECO. Parmi les pays de l'Union européenne l'Allemagne devance largement ses partenaires, suivie de l'Autriche, de l'Italie, de la France, du Royaume Uni et des Pays Bas tant pour les exportations que les importations. L'Autriche n'était pas encore un pays membre de l'UE en 1993.

Entre 1990 et 1996 la France ne réussit qu'à maintenir sa part de marché dans ces pays de l'Europe de l'Est autour de 4% contre 3.7% en 1990 et les PECO restent pour la France un partenaire modeste avec des variations plus ou moins fortes selon le pays. La Pologne et la Roumanie représentent 6% et la Slovénie 10% de parts de marché pour la France. L'implantation de Renault dans ce pays a fait grimper ce chiffre. Le Président de la République française, Jacques Chirac, a voulu montrer notamment avec des voyages effectués en Pologne, Hongrie, Roumanie, République tchèque et Moldavie l'intérêt grandissant de la France pour ces pays en affirmant souvent que la France n'est pas assez présente dans cette région.

En 1997 la Pologne est de tous les PECO, devenue le premier partenaire commercial de la France, tant pour les échanges que pour les investissements. Suivie par la Hongrie, la République tchèque, la Russie, la Slovénie, le Kazakhstan et la Slovaquie.[*]

PRIVATISATION

La privatisation s'inscrit logiquement dans ce changement politique et économique.

On peut distinguer trois types de privatisation :

1. La petite privatisation : les logements, les petits commerces et entreprises artisanales, les services, les cafés, les restaurants, les petits hôtels, etc.

2. La privatisation spontanée d'entreprises de plus petite taille, souvent reprises par le personnel ou les directeurs des défuntes sociétés d'Etat. Remarquons que ces directeurs étaient souvent les anciens privilégiés de la Nomenklatura qui se sont retrouvés du jour au lendemain projetés dans l'économie libérale.

3. La grande privatisation, bien plus difficile à réaliser, car nécessitant des capitaux importants. Dans ce cas les PECO doivent faire appel aux investisseurs étrangers.

---

[*] Le courrier des pays de l'Est, mensuel, janvier à décembre 1998
Transition from the Command to the Market system, édition WIIW, mars 1994 Vienne, p. 5 et suivantes
Transitions countries, édition WIIW, june 1994 Vienne, p. 3 et suivantes

Il y avait deux approches différentes pour la privatisation des grandes entreprises :

• Le transfert rapide des avoirs de l'État au secteur privé.

• Une approche plus graduelle

Les défenseurs d'une privatisation rapide préconisaient l'élimination de la propriété d'État par la redistribution (par exemple, au moyen d'actions, qui donneraient à leurs titulaires le droit et les moyens d'acheter les entreprises publiques mises en vente). Leur point de vue était motivé par un désir d'équité, leur souhait était de permettre à tous de participer à ce vaste chantier de la privatisation de l'économie du pays.

Les partisans qui préconisaient une réduction plus graduelle du secteur des entreprises publiques, étaient en faveur de la privatisation des entreprises par la vente de leurs actifs à des investisseurs solides, de préférence à des personnes capables d'en améliorer le rendement. Ils voulaient éliminer les entreprises fonctionnant à perte et ne conserver que les entreprises rentables, capables d'attirer les investisseurs. La Hongrie a adopté cette approche graduelle, qui semble s'être révélée plus propice à une véritable restructuration des entreprises.

Par contre, l'expérience a mis en lumière certains des pièges de la privatisation rapide. Dans la République tchèque, par exemple, les actifs de l'État ont été dispersés entre des millions de petits détenteurs, souvent des salariés des entreprises en cours de privatisation. Mais ces titres ont été revendus pour se trouver en fin de compte concentré aux mains des banques encore détenues par l'Etat. . Il n'y a pas eu de véritable restructuration des entreprises puisque ces banques d'Etat manquaient des capitaux nécessaires pour les développer. La croissance relativement faible de l'économie tchèque, par rapport à celles des autres pays d'Europe centrale et orientale, à la fin des années 90, est attribuable en partie à la faiblesse de la réforme des entreprises dans ce pays.

La privatisation rapide a donné des résultats encore plus désastreux en Russie. Elle s'est traduite, de 1992 à 1994, par un transfert massif de la propriété de plus de 15.000 entreprises publiques à des intérêts privés. Cependant elle n'a pas conduit à une restructuration des entreprises, favorisant l'entrée d'investisseurs étrangers. Les dirigeants en place voulaient garder leur mainmise. Les gestionnaires, souvent des anciens privilégiés de la nomenklatura, trouvaient plus facile de maintenir les entreprises à flot en exigeant de l'État des subventions plutôt qu'en favorisant la compétitivité par la participation des investisseurs étrangers. Cette privatisation excluait systématiquement les investisseurs extérieurs et les banques étrangères pour favoriser les intervenants entretenant des liens avec les autorités.

Dans l'ensemble, l'expérience des économies en transition tend à démontrer que les entreprises privatisées se sont restructurées plus vite pour afficher de meilleurs résultats, en général, que les entreprises comparables qui sont restées publiques, mais seulement à certaines conditions :

- Une contrainte budgétaire rigoureuse
- Une condition propice à la libre concurrence,
- Une bonne gestion efficace,
- Une structure juridique
- Une protection des droits de propriété.

L'INVESTISSEMENT DES CAPITAUX

Le passage à l'économie de marché exigeait des financements considérables pour faciliter la réaffectation des investissements dans les secteurs productifs, moderniser des installations périmées, améliorer l'infrastructure publique et procurer les ressources financières voulues aux entreprises naissantes.

La part des investissements étrangers dans ces différents pays montre clairement des zones privilégiées. Les pays de l'Europe centrale, la Slovénie, la Hongrie, La Slovaquie, la République tchèque et la Pologne, appartiennent à ce secteur. Leur niveau de développement économique, la stabilité politique et, pour la Pologne, l'importance du marché (39 millions d'habitants), rassurent les investisseurs étrangers. A l'intérieur de ces pays la disparité des investissements est également très grande. Les capitales attirent la meilleure part. Budapest par exemple a capté entre 1990 et 1996 plus de la moitié des investissements étrangers creusant ainsi davantage l'écart avec le reste du pays.

[*]Les trois raisons essentielles pour les entrepreneurs allemands d'investir à l'Est sont :

---

[*] Source : Globus Hambourg 1995, N°3223

1. Trouver de nouveaux marchés.

2. S'assurer des marchés potentiels.

3. Bénéficier d'un coût salarial extrêmement bas : en effet une heure de travail industriel est de 23 Euro en Allemagne de l'Ouest mais de 2.5 Euro en Hongrie, et seulement de 0.70 Euro en Bulgarie.

Cependant, au cours des premières années de la transition, les pouvoirs publics des pays en transition ont eu du mal à obtenir les capitaux nécessaires. Un nouveau «Plan Marshall» aurait été nécessaire pour les PECO. Cependant ces pays ont eu droit à une assistance fournie principalement par les institutions financières internationales

1. FMI - le Fond Monétaire International, dont tous les PECO sont membres, joue un rôle capital. Mais son aide financière est également conditionnée à cette idéologie du libéralisme qu'il impose, à savoir le désengagement de l'Etat de l'économie dirigée et la mutation continuelle vers une économie de marché.

2. BIRD - International Bank for Reconstruction and Development - la banque mondiale.

3. Les états membres qui bénéficient de son aide sont également membres du FMI. Elle accorde des prêts pour des projets bien déterminés dans tous les secteurs de l'économie.

4. BERD - la Banque Européenne de Reconstruction et de Développement fut crée en 1990 sur une initiative française. Elle accorde des prêts aux entreprises privées et publiques, pour la reconstruction des infrastructures par exemple.

5. UE - Union Européenne - elle a signé les premiers accords économiques avec les PECO en 1991. Ils portent sur les libres échanges progressifs des marchandises et des capitaux et les coopérations dans les domaines les plus divers : développer l'état de droit dans les nouvelles démocraties, réorganiser l'administration, le tourisme, l'environnement, l'éducation, la recherche, l'énergie, etc.

6. Le programme PHARE - Poland and Hungary Action for Restructuring of the Economie - décidé au sommet européen à Paris en 1989 pour apporter de l'aide à la Pologne et la Hongrie, il s'étend maintenant à treize PECO. Il est financé par un budget communautaire et soutient les projets les plus divers dans l'agriculture, l'accès au marché et la création de sociétés mixtes, la

formation professionnelle, la coopération universitaire, la recherche, le transfert du savoir faire technique et industriel, l'expertise, le conseil etc.

Inegalité des revenus

La transition provoque une grande paupérisation :
Dans les pays socialistes le niveau de vie de la société était assez uniforme, mise à part la classe dirigeante, la Nomenklatura, qui jouissait de grands privilèges et d'un fort pouvoir d'achat.

La transformation et la transition vers l'économie de marché ont provoqué une dégradation du niveau de vie projetant des millions de personnes dans l'exclusion et le désespoir.

Toutes les couches de la population furent touchées : fonctionnaires, militaires de carrière, salariés de l'industrie et du commerce, agriculteurs, retraités chômeurs, dans les villes comme à la campagne. En Russie en 1998, 75% de la population vivaient encore au seuil de pauvreté, la Roumanie et la Bulgarie comme les Pays de la CEI n'étaient pas mieux lotis. La situation alimentaire et sanitaire était alarmante, la malnutrition en Russie est évidente. La crise de l'énergie a enfoncé davantage encore ces pays dans une grande misère. Les PECO se trouvent dans des régions froides de l'Europe avec des hivers longs et rigoureux, où des températures de moins 35 degrés ne sont pas une exception. En 1992 les logements collectifs n'étaient quasiment plus chauffés en Roumanie et dans les pays baltes, et la température moyenne y était de 12 degrés. L'espérance de vie en Russie en 1998 a été ramené de 69 à 58 ans, le taux de natalité de 14.7% à 9.5% et le taux de scolarisation a baissé de 8%. Sur 195 pays, la Russie a été rétrogradée du 40ieme au 70ieme range mondial pour le développement dans le classement des Nations Unies.

L'accentuation des disparités, amène à se demander si les fruits de la croissance économique seront partagés équitablement. *Une étude prenant pour base un seuil de pauvreté de 4 dollars par jour a conclu qu'en 1993/94 dans l'ensemble des PECO, près de 124 millions de personnes, soit presque 30% des 414 millions d'habitants de la région, vivaient dans la pauvreté, contre 13, 6 millions en 1988-89.

Le rapport de l'UNICEF* observe, que ceux qui avaient peu de ressources avant la transition en ont maintenant encore moins et que

---

* UNICEF http://www.unicef.org/

les ménages avec enfants ont perdu davantage que les autres, les familles nombreuses étant les grandes perdantes.

37% des familles avec deux enfants,

50% des familles avec trois enfants, et

72% des familles avec quatre enfants ou plus vivaient au-dessous du seuil de pauvreté de 4 dollars par jour en 1997.

Dans les PECO le revenu moyen avait déjà baissé de 40% entre 1992 et 1997, il est aujourd'hui entre 350 et 500 €. L'économie souterraine se développe, elle permet d'atténuer cette situation de crise permanente et de vivre ou de survivre. Quant à la nouvelle bourgeoisie émergente, les nouveaux riches, souvent issus de l'ancienne Nomenklatura, elle représente seulement 1 à 2% de la population.

RÉCAPITULATIF

La transition a donné des résultats remarquables, principalement sur les progrès économiques, mais cette période a surtout eu pour résultat de favoriser un élan en faveur de la démocratie et de l'établissement d'une économie de marché. La transition vers l'économie de marché s'est accompagnée dans la plupart des pays d'une plus grande liberté politique. Tous les PECO en transition sont entièrement libres et démocratiques. Des élections tenues périodiquement dans ces pays ont permis aux habitants de se prononcer sur le processus de transition. Les politiciens hostiles à l'économie de marché n'ont jamais repris le pouvoir, même si certains partis communistes ont réussi à recueillir jusqu'à 25% des suffrages. Malgré les sacrifices imposés par la transition, les populations ne souhaitent pas un retour à l'ancien système.

LE POINT DE VUE DE L'ALLEMAGNE ET DE LA FRANCE

Une main-d'oeuvre à bas coût, une croissance prometteuse, 75 millions de consommateurs, dans les nouveau pays candidats à l'UE de l'Europe de l'Est, le tableau attire les entreprises, qui délocalisent à l'Est. Tous les grands secteurs sont concernés.

L'Allemagne a joué un rôle précurseur. Voisine directe des PECO elle a toujours jouit d'une relation commerciale privilégiée, elle a été un partenaire économique occidental important durant les années du COMECON. Apres la chute du mur elle a intensifié ses liens et elle pèse à elle seule la moitié des exportations et importations européennes en Pologne, en République Tchèque, en Hongrie, en Slovaquie avec une part très importante dans les autres Etats.

Ses entreprises ont été les premières à investir pour produire localement et bénéficier d'une main-d'œuvre bon marché, plus flexible et bien formée. La part des échanges commerciaux de l'Allemagne dans l'ensemble des PECO s'élève à environ 25%, quant à la France, ses échanges sont à peine supérieur à 5%.

Ces régions de l'Europe centrale et orientale ne sont pas traditionnellement des partenaires forts de la France. Culturellement et politiquement la France est plus ancrée dans le sud et en Afrique du Nord. En revanche les PECO peuvent être considérés comme le Hinterland de l'espace germanique.

Néanmoins la France a rattrapé son retard avec de nombreux investissements dans les différents pays candidats puisqu'elle se situe au troisième rang des investisseurs directs dans la zone d'élargissement, derrière l'Allemagne et les Etats-Unis et devant le Royaume-Uni et les Pays-Bas. Sa part dans les flux d'investissements directs est passée de moins de 5 % en 1998 à plus de 20 % actuellement. Les entreprises françaises sont au premier rang des investisseurs en Pologne et en Roumanie, respectivement au deuxième, troisième et quatrième rangs en Slovénie, Hongrie et République tchèque, et sont particulièrement dynamiques dans les secteurs du BTP, de l'environnement, des services bancaires, de la grande distribution, de l'agro-alimentaire, de l'automobile et des télécommunications

3. Les PECO candidats à l'Union européenne et l'échéancier adopté

A part les pays de la C.E.I, tous les PECO sont candidats à l'adhésion à l'Union européenne. Ces pays étaient regroupés dans le pendant de la CEE en Europe de l'Est, constitué par le COMECON ou le CAEM (le conseil d'assistance économique mutuelle)

Le 28 juin 1991 il s'est dissout lors d'une dernière rencontre à Budapest. Le commerce intrarégional par compensation du CAEM, forme élaborée du troc, qui totalisait entre 60% et 90% des échanges entre les pays membres, était caractérisé par l'inconvertibilité des monnaies des pays de l'est à l'extérieur de leur communauté économique. Les échanges compensés, le contre - achat, l'achat en retour, bref : le troc, sont souvent considérés comme des formes primitives d'échange.

Les trois pays les plus avancés dans les réformes, la Pologne, la Hongrie et la Tchécoslovaquie ont signé le 15.02.1991 à Visgràd, une petite ville de Hongrie, un accord de coopération économique et politique pour créer la CEFTA (Central Europe Free Trade Association) sur le modèle de la EFTA ou AELE (association économique de libre échange).

En décembre 1992, l'AELE signait à son tour avec ce groupe Visgràd, un accord de libre-échange pour faciliter le commerce transfrontalier. A cette date l'Autriche, la Suède et la Finlande, pays ayant tous des frontières communes avec ces PECO (économiquement émergents), restent encore membres de l'AELE[*]

Il faut également mentionner ici la naissance de l'EEE en 1994 (Espace Economique Européen) voulu par le président de la commission européenne, Jacques Delors. Il proposait d'établir une sorte de sas et différer l'intégration complète et trop précipitée à l'Union Européenne des pays candidats comme la Suède, l'Autriche, la Fin-

---

[*] *Hannes Androsch, Investitionsleitfaden Osteuropa Wirtschaftsverlag Vienne, 1996, p. 91 et suivantes*

lande et la Norvège. Ce dernier pays s'offre cependant le luxe de refuser en 1995 par un vote référendaire populaire et pour la deuxième fois de son histoire, l'adhésion à l'Union européenne.

La société norvégienne et les acteurs de la vie culturelle, politique et du secteur des affaires ont toujours entretenu des rapports étroits avec le reste de l'Europe. La politique étrangère norvégienne est axée depuis longtemps sur la coopération internationale et sur la nécessité d'oeuvrer pour la paix et la stabilité à l'échelle internationale, en Europe en particulier. A la fin des années 1940, la Norvège a fait partie des fondateurs de l'ONU, l'OTAN et du Conseil de l'Europe, et elle a également contribué à la création de l'OSCE, en 1975.

Pourtant, la Norvège a organisé par deux fois, en 1972 et en 1994, un référendum sur une éventuelle adhésion du pays à l'UE et lors de ces deux occasions, une majorité des électeurs se sont opposés au projet. Cependant, la Norvège coopère aujourd'hui étroitement avec l'UE dans la plupart des domaines. Les rapports entre l'UE et la Norvège sont pour l'essentiel régis par l'Accord sur l'Espace économique européen, entré en vigueur en 1994.

Selon cet accord, la Norvège et les autres Etats membres de l'EEE font partie du marché unique de l'UE. Dans les domaines couverts par l'accord, les entreprises et les ressortissants de Norvège ont par conséquent droit au même traitement que ceux de l'UE. Son adhésion à l'EEE signifie également que la Norvège participe à la rédaction de la législation communautaire sur les questions intéressant le marché unique, par exemple, le transport et l'environnement, et que cette législation revêt pour elle un caractère obligatoire. La Norvège participe également aux programmes communautaires dans toute une série de domaines, tels que la culture, la recherche, la coopération en matière de politique régionale et l'enseignement. En revanche, l'accord sur l'EEE ne couvre ni l'union douanière, ni la politique commerciale vis-à-vis de pays tiers, ni la politique agricole ou dans le domaine de la pêche.

La Norvège met en oeuvre une coopération complète avec l'UE dans le domaine de la justice et de la politique intérieure. Au titre de la coopération dite de Schengen, elle fait partie d'une zone exempte de contrôles frontaliers entre les Etats qui y participent. En revanche, ces Etats, y compris la Norvège, exercent un contrôle sévère sur les personnes et les marchandises en provenance de pays tiers, qu'il s'agisse de vérifications de passeports ou autres.

La Norvège partage aussi les positions et intérêts de l'UE sur de nombreuses questions de politique internationale, et elle coopère étroitement avec l'UE dans la mise en oeuvre de la politique étrangère et de sécurité. Elle mène, en application de l'Accord sur l'EEE, un dialogue politique régulier avec l'UE sur des thèmes internationaux, sur lesquels les positions norvégiennes et communautaires sont souvent concordantes.

En ce qui concerne la politique de sécurité et de défense, la Norvège a mis du personnel civil et militaire à la disposition des opérations de gestion de crise conduites par l'UE en Bosnie-Herzégovine et en Macédoine. La Norvège fournit une assistance financière très importante aux pays des Balkans occidentaux et à la Russie du Nord-Ouest.

L'intégration européenne s'étend et s'approfondit rapidement, ce qui pose de nouvelles questions et crée des opportunités dont doit tenir compte la politique européenne de la Norvège. L'élargissement de l'UE signifie notamment celle de l'EEE. Depuis l'entrée en vigueur de l'Accord sur l'EEE, ses pays membres ont accordé un soutien financier à des pays de l'UE moins favorisés, et la Norvège a également fourni bilatéralement aux pays candidats une aide économique et technique. En raison de l'élargissement de l'UE et de l'EEE, la contribution financière est plus élevée et s'adressera principalement aux nouveaux pays membres. La Norvège contribue ainsi au développement économique et social en Europe.

l'Espace Economique Européen est entré en vigueur le 1er janvier 1994 (l'acte de naissance avait été signé à Porto le 2 mai 1992). Cet espace regroupe alors les douze pays de l'Union européenne et cinq pays de l'Association européenne de libre-échange (AELE instituée en 1960) : l'Autriche, La Suède la Finlande l'Islande et la Norvège.

Entre temps, parmi ceux-ci, les trois premiers ont intégré l'Union européenne le 1er janvier 1995. Cet EEE mort-né, ne pouvait donc pas empêcher leur adhésion en 1995, l'attirance de l'Union européenne étant plus forte. Le Liechtenstein a rejoint l'EEE le 1er mai 1995. La Suisse, après un premier rejet d'adhésion à l'EEE, par referendum le 6 décembre 1992 a approuvé une série d'accords bilatéraux avec l'Union européenne. Ces négociations ont débuté en novembre 1994 pour se conclure sur un accord politique le 11 décembre 1998 à Vienne. Elles portent sur sept domaines :

1. Le transport terrestre
2. Le transport aérien
3. La libre circulation des personnes
4. La recherche
5. Les marchés publics
6. Les obstacles techniques au commerce
7. L'agriculture

L'EEE représente ainsi la première zone de libre échange mondiale. Il consacre la libre circulation des personnes, des marchandises, des capitaux et des services sur l'ensemble de son territoire.

Il ne reprend toutefois que 80% des dispositions du marché unique. Sont exclus les secteurs de l'agriculture et de la pêche, les politiques fiscales et la politique commerciale commune à l'égard des tiers. Les pays de l'EEE sont tenus de respecter les règles en vigueur dans l'Union en matière de concurrence, d'aides publiques, d'ouverture des marchés publics. Une coopération est établie en matière d'éducation, de recherche et de développement.

Par le jeu des accords économiques et de libre échange, les PECO peuvent ainsi pénétrer le marché de l'Union européenne par leurs exportations et trouvent à l'Ouest des débouchés pour leurs produits industriels, (les marchandises agricoles étant exclues de ce libre-échange). Ces débouchés remplacent ainsi très rapidement les marchés effondrés à l'Est en raison de la disparition du COMECON. L'Union européenne a également, dès 1991, signé avec la Pologne la Hongrie et la République tchèque des accords de coopération.

En 1994 la Pologne et la Slovénie ont exporté 60% de leur production, la République tchèque 45%, la Slovaquie 35%, la Hongrie 40%, vers l'Union Européenne.

DATES DE DEPOT DES CANDIDATURES A L'ADHESION

La Hongrie présente le 31 mars 1994 sa demande officielle d'adhésion à l'Union européenne.

La Pologne	le 9 avril 1994
La Roumanie	le 22 juin 1995.
La Slovaquie	le 27juin 1995.
La Lettonie	le 27 octobre 1995.
L'Estonie	le 24 novembre 1995

La Lituanie	le 9 décembre 1995.
La Bulgarie	le 14 décembre 1995.
La Slovénie	le 16 janvier 1996.
La République Tchèque	le 17janvier 1996
Malte et Chypre	le 9 et 16 juillet 1990- Europe du Sud

Au Conseil européen à Copenhague en 1993, le principe de l'élargissement à l'Est a été approuvé mais en 1998, seuls six d'entre eux : Pologne, République tchèque, Hongrie, Slovénie, Estonie pour les PECO et Chypre pour les pays de l'Europe du sud, ont été retenus. Les négociations pour l'adhésion ont débuté en mars 1998.

Au Conseil européen à Helsinki en décembre 1999 le principe d'adhésion de cinq autres PECO (Slovaquie, Lettonie, Lituanie, Roumanie, Bulgarie) mais aussi de Malte, autre pays de l'Europe du Sud, est admis. Ces douze pays candidats forment désormais un seul groupe, du moins officiellement. Mais les négociations de l'adhésion ont commencé avec les premiers Etats en mars 1998, alors qu'elles ont débuté en février 2000 avec les autres. Pour tous les candidats, l'ouverture des négociations est soumise au respect des critères politiques, fixés à Copenhague à savoir :

- la présence d'institutions stables garantissant la démocratie, la primauté du droit, les droits de l'homme, le respect des minorités et leur protection (critère politique);

- l'existence d'une économie de marché viable ainsi que la capacité de faire face à la pression concurrentielle et aux forces du marché à l'intérieur de l'Union européenne (critère économique);

- la capacité du pays candidat à en assumer les obligations, et notamment de souscrire aux objectifs de l'Union politique, économique et monétaire (critère de la reprise de l'acquis communautaire

L'UE soutient ces pays dans leurs efforts d'adoption des règles de l'UE, et leur apporte son assistance financière afin de développer leurs infrastructures et leurs économies.

PROGRAMME D'AIDE COMMUNAUTAIRE AUX PAYS D'EUROPE CENTRALE ET ORIENTALE (PHARE)

Le programme Phare a été lancé en 1989 à la suite de l'effondrement des régimes communistes en Europe centrale et orientale. Il était destiné à assister ces pays dans la reconstruction de leurs économies. À l'origine, il concernait seulement la Pologne et la Hongrie mais il a progressivement été étendu pour englober aujourd'hui dix pays d'Europe centrale et orientale (Bulgarie, Estonie, Hongrie, Lettonie, Lituanie, Pologne, Roumanie, République tchèque, Slovaquie et Slovénie). En parallèle, Phare constitue le principal instrument financier de la stratégie de pré-adhésion pour les dix pays d'Europe centrale et orientale (PECO) candidats à l'adhésion à l'Union européenne. Depuis 1994, les missions de Phare ont été adaptées aux priorités et besoins de chaque PECO.

Le programme Phare rénové, dont le budget s'élève à plus de 10 milliards d'euros pour la période 2000-2006, poursuit à ce jour essentiellement deux priorités spécifiques, à savoir:

Le renforcement des institutions et des administrations (institutionnal building)

LE FINANCEMENT DES INVESTISSEMENTS

Dans le programme « Agenda 2000 » de juillet 1997, de nouvelles aides de pré-adhésion sont venues s'ajouter à celles prévues dans le cadre de Phare.

- Il s'agit des mesures structurelles visant à rapprocher le niveau de protection environnementale et de développement des infrastructures de transport des États candidats de celui de l'Union européenne

- Les aides au secteur agricole

Cet Agenda 2000 est un programme d'action adopté par la Commission européenne le 15 juillet 1997. Il constitue la réponse de la Commission qui demandait au Conseil européen de Madrid, de décembre 1995, de présenter un document d'ensemble sur l'élargissement, la réforme des politiques communes, ainsi que le futur cadre financier de l'Union à partir du 31 décembre 1999

L'objet du traité de Nice était l'adaptation du fonctionnement des institutions européennes à l'arrivée de nouveaux États membres.

Adopté en décembre 2000, à l'issue du Conseil européen de Nice, et signé le 26 février 2001, le traité de Nice achève la Conférence intergouvernementale (CIG) ouverte en février 2000. Le traité ouvre ainsi la voie à la réforme institutionnelle nécessaire à l'élargissement prochain de l'Union européenne aux pays candidats de l'est et du sud de l'Europe.

Les principaux changements qu'il instaure concernent la limitation de la taille et la composition de la Commission, l'extension du vote à la majorité qualifiée, une nouvelle pondération des voix au sein du Conseil et l'assouplissement du dispositif des coopérations renforcées. En marge des discussions sur ces quatre questions clés, d'autres sujets de nature institutionnelle ont été abordés: la simplification des traités, l'articulation des compétences, l'intégration de la Charte des droits fondamentaux et le rôle des Parlements nationaux. Dans la *Déclaration sur l'avenir de l'Union* - annexée au Traité ont été fixés les prochains objectifs pour approfondir les réformes institutionnelles et faire en sorte que le Traité de Nice ne soit qu'une étape de ce processus.

Le Traité de Nice a été ratifié par tous les États membres, conformément à leurs règles constitutionnelles respectives, sa date d'entrée en vigueur fut le 1er février 2003.

Trois sujets clés ont été débattus :

• La taille de la commission, actuellement 20 commissaires.

• La majorité qualifiée pour la prise de décisions.

• Une nouvelle pondération des voix au sein du conseil des ministres européens, rendant aux grands pays une influence plus importante.[*]

Les sièges au parlement européen, comme le nombre de voix au Conseil des ministres ont été attribué aux 10 pays candidats des PECO et aux deux autres, Malte et Chypre.

Chaque pays est jugé sur ses propres mérites et sur le degré de convergence de son économie avec celui des états-membres de l'Union européenne.

---

[*] Information sur L'Union européenne, elargissement www.europa.eu.int

L'élargissement de l'UE à l'Est de l'Europe était, pour les pays sortant du communisme, avant tout une aspiration politique, désormais elle a surtout pris une dimension économique.

Vaclav Havel l'ancien président de la République tchèque, craignait que la construction de l'Europe centre trop son intérêt sur des tâches administratives, économiques, commerciales, techniques ou technologiques et que sous l'avalanche des sujets à traiter lors des négociations, on oublie finalement le sens spirituel, historique et politique de l'intégration. Les discussions sur les baisses des droits de douane, l'harmonisation des normes industrielles et les problèmes d'importation de pommes de terre ou de fraises sont très éloignés de cette joie de vivre dans une liberté retrouvée. Ces valeurs sont perçues très différemment entre les Européens de l'Est et ceux qui ont toujours vécu en liberté.

En effet les négociations avec ces onze pays candidats de l'Europe de l'Est ne portent que sur l'adaptation aux règles du marché unique et l'étude des quelques 80.000 pages de «l'acquis communautaire», véritable travail de Titan mais purement administratif qui gomme l'aspect historique et philosophique de l'adhésion à l'UE.

Cette profusion de lois européennes croît parfois plus vite que la capacité d'adaptation de la législation des parlements d'Europe centrale. La question se pose alors de savoir si ces Etats, qui viennent de recouvrer leur souveraineté, sont déjà prêts à en abandonner une partie au profit de la Commission européenne, instance considérée souvent comme peu transparente et peu démocratique. Ont-ils vraiment envie après quarante années de tutelle de l'URSS de se remettre sous celle d'un dirigisme technocratique ? L'UE élargie à l'Est n'engendrerait-elle pas de nouveaux problèmes nationalistes, d'autant plus que ces petits états (entre 2 et 10 millions d'habitants, exception faite de la Pologne avec ses 39 millions d'habitants) ne souhaitent pas perdre leur identité. Vaclav Klaus, ancien Premier ministre et le nouveau Président de la Tchéquie a déclaré à Prague à ce propos : « Laisserons nous dissoudre notre souveraineté et notre identité dans l'Europe, comme un morceau de sucre dans une tasse de café ? »

*Les chapitres de négociation en vue de l'adhésion sont les suivants :

1. Libre circulation des marchandises

2. Libre circulation des personnes

3. Libre circulation des services

4. Libre mouvement des capitaux

5. Droit des sociétés

6. Politique de concurrence

7. Politique agricole commune

8. Politique commune de la pêche

9. Transports

10. Fiscalité

11. Union économique et monétaire

12. Statistiques

13. Environnement

14. Politique sociale et emploi

15. Energie

16. Politique industrielle

17. Petites et moyennes entreprises

18. Education et formation

19. Télécommunications

20. Culture et politique audiovisuelle

21. Politique régionale

22. Protection des consommateurs et de la santé

23. Justice et affaires intérieures

24. Union douanière

25. Relations extérieures

26. Politique étrangère et de sécurité commune

27. Contrôle financier

28. Questions financières et budgétaires

29. Institutions

30. Divers

Source : Commission européenne 1999

Des chiffres: le Conseil européen de Berlin, en 1999, a dégagé un accord politique sur le financement de l'élargissement en fixant l'enveloppe globale pour les budgets 2000 à 2006. En additionnant sur cette période les aides de pré-adhésion et les montants dont devraient bénéficier les premiers adhérents, notamment au titre de la politique régionale de l'Union, quelque 70 à 80 milliards d'euros devraient aider les pays aujourd'hui candidats pendant ces sept ans, soit 10 à 12 % du budget global de l'Union européenne prévu pour la même période (670 milliards d'euros). De toute façon, comme en convient le Parlement, le budget total de l'Union européenne ne devra pas dépasser, pour la période 2000-2006, le plafond de 1,27 % du PIB de l'Union tel qu'il a été fixé. Pour mémoire, le budget 2001 a représenté 1,08 % du PIB.

Toutefois, ce serait une erreur de mesurer le coût de l'élargissement en termes uniquement budgétaires: aussi faux par exemple que de mesurer la prospérité des Etats-Unis en fonction des données du budget fédéral américain. Il faut prendre en compte l'ensemble des paramètres et des flux financiers. Ainsi, la balance commerciale entre les Quinze et les pays candidats penche aujourd'hui nettement du côté des Quinze. En 1999, l'excédent a été de 15 milliards d'Euros.

A terme, les études prévoient, pour ce nouveau marché unique de quelque 500 millions de consommateurs, des bénéfices macroéconomiques qui profiteront à tous, comme ce fut le cas pour chaque élargissement. Ces gains feront plus que couvrir les coûts supplémentaires demandés aux actuels Etats membres. Ils sont parfois difficiles à chiffrer: ainsi, les effets favorables sur la concurrence, sur la démocratie et la paix, sur les perspectives d'une croissance accrue et l'utilisation d'une monnaie unique sur le plus grand marché commun du monde. En d'autres termes, selon le Parlement européen, c'est le non-élargissement qui coûterait cher!

Quels efforts particuliers le Parlement européen demande-t-il aux pays candidats?

Quelle que soit l'assistance que leur fournit l'Union européenne, les efforts que les pays candidats doivent consentir pour remplir les conditions d'adhésion et s'aligner sur le droit et les normes communautaires sont considérables. Le Parlement européen leur demande en particulier de renforcer leur capacité administrative à mettre concrètement en oeuvre la législation communautaire et à utiliser et contrôler les aides, de réformer les secteurs de la justice et de la police, de lutter contre la criminalité organisée, économique et financière et contre la traite des femmes, d'appliquer des normes strictes de sécurité aux centrales nucléaires et de fermer les réacteurs à haut risque de conception soviétique ainsi que de respecter les droits des minorités, en particulier des Roms.

L'élargissement de l'Europe met en évidence l'urgence de la reforme de ses institutions. Elles n'ont pas été conçues lors du traité de Rome pour fonctionner avec autant de membres. Une communauté qui passe de 6 à 9, puis de 12 à 15 pays souffrira forcement d'une paralysie si elle passe à 27 ou à 28 membres.

Quant la paix sera revenue dans les Balkans, ces pays issus de l'ex-Yougoslavie souhaiteront également la rejoindre. L'Ukraine avec ses 50 millions d'habitants sera peut-être tentée de quitter la CEI, qui ne lui a pas apporté de progrès économique. Elle se tournera davantage vers l'Occident pour demander une adhésion à l'Union européenne qui grandira alors à 30 ou 32 membres.

Les frontières de l'Europe ne s'arrêtent pas à l'Ukraine, les pays du Caucase la Géorgie, l'Arménie et les autres frapperont également un jour à la porte de l'UE. La question des frontières européennes deviendra alors insoluble et l'Union doit s'y préparer.

Quant à la Turquie elle est liée dès 1963, à la Communauté européenne par un accord d'association. Elle fut le premier pays à se voir accorder un tel statut. En 1987, Ankara pose officiellement sa candidature. Cette intégration serait le parachèvement du grand projet de la République turque : devenir une nation européenne, démocratique et développée.

Elle compte 68 millions d'habitants et elle fait partie de deux continents mais 90% de son territoire est en Asie. Elle est bordée par 3 mers (Méditerranée, Marmara, Noire). Point de jonction entre un orient assez instable et un occident qui pointe vers l'Union européenne la Turquie a pour voisins la Grèce, la Bulgarie, la Georgie, l'Arménie, l'Iran, l'Irak et la Syrie.

L'économie turque est dynamique, son système économique est pleinement capitaliste. Presque cinquante pour cent du commerce turc se fait déjà avec l'Union européenne. Aussi vit-elle très mal que des pays à peine sortis du communisme voient leurs candidatures prises plus au sérieux que la sienne. En 1995, c'est l'humiliation, l'UE s'ouvre à l'Europe de l'Est, Bruxelles accepte d'engager les négociations avec toute une série de candidats, seule la Turquie est refusée.

Ankara a mis en place un contre-projet, dont la Turquie serait au centre et non plus à la marge. À l'échelle régionale, elle est la seule véritable puissance industrielle. Une Communauté économique de la mer Noire est créée en 1992, son secrétariat est à Istanbul. Ce projet de marché commun regroupe tous les pays de la région de l'Albanie à l'Azerbaïdjan en passant par l'Arménie, la Géorgie, l'Ukraine, la Moldavie, la Roumanie, la Macédoine et même la Grèce et la Russie, ce qui donne peu de cohérence à l'ensemble. D'ailleurs certains de ces États sont dans l'UE ou vont l'intégrer.

Depuis, la promesse faite à la Turquie lors des sommets européens d'Helsinki (1999) et de Copenhague (2002) qui lui concède désormais un statut de pays candidat, elle mène d'importantes réformes politiques et sociales pour se conformer aux critères d'adhésion à l'Union européenne. La Turquie ne s'est cependant pas encore débarrassée de toutes les séquelles de son régime militaire.

L'adhésion de la Turquie divise les Européens ainsi que toutes les parties politiques qu'elles soient de droite ou de gauche. La Turquie n'est pas européenne disent les uns, l'adhésion, au contraire, pourrait ancrer la Turquie dans une Europe démocratique disent les autres.

Est-ce que l'Union européenne est un club de nations chrétiennes ? Peut ont juger la valeur d'un pays en se fondant seulement sur sa croyance religieuse ?

Bien que la population turque soit en grande partie musulmane, la Turquie est officiellement un Etat laïque. Par sa population de 68 millions d'habitants, soit un peu moins que l'Allemagne, mais en raison de sa démographie importante la Turquie sera en 2020 le plus grand pays de l'UE. Les Européens ont-ils peur d'avoir en son sein un pays de grande taille en grande partie musulman ou de l'influence musulmane parmi les membres de l'Union Européenne ?

Peut-être faut il aussi replacer ces réticences dans l'inconscient collectif européen et les séquelles des conflits entre l'Europe et la volonté de conquête de l'empire Ottoman qui assiégeait encore Vienne il y a trois cent ans ou qui anéantissait les arméniens au vingtième siècle.

C'est en 1999, lors du Conseil européen à Helsinki, que les Quinze ont formellement lancé le processus d'une nouvelle conférence intergouvernementale chargée de discuter d'une reforme des institutions, une tâche alors impérative avant tout élargissement.

C'est en décembre 2002 que le Conseil européen de Copenhague a décidé d'accueillir les dix nouveaux pays à partir de 2004.

Durant l'année 2003 les dix pays candidat à l'adhésion ont organisé des référendums dans leurs pays respectifs sur l'élargissement d'une Europe à 25.

En termes économiques les dix nouveaux ne pèsent d'ailleurs pas lourd dans l'UE. Les 75 millions de ces nouveaux citoyens entrants représentent certes 17% d'un marché unique, fort dorénavant de 450 millions de personnes. Mais la somme de leurs PIB ne vaut que 5% du total, soit l'équivalent de la richesse nationale des pays Bas. Le revenu des Slovènes est comparable à ceux des Portugais et des Grecs. Mais il faudra des années pour que le fossé se comble entre la vieille Europe et la nouvelle.

En ce début du XXI ème siècle, l'Union européenne se voit confrontée à de nouveaux défis, principalement celui de la mondialisation et de son propre élargissement.

Au Conseil européen, à Laeken - Belgique en décembre 2001, les chefs d'Etat et de gouvernement ont adopté une déclaration sur l'avenir de l'Union européenne. La déclaration de Laeken a reconnu que l'Union européenne « se trouve devant un carrefour, un moment charnière de son existence ». En ce moment historique, l'Union « est confrontée à un double défi, l'un en son sein, l'autre en dehors de ses frontières ». Afin de faire avancer le débat sur ces sujets, le Conseil européen a décidé qu'une Convention serait convoquée pour mener des discussions sur l'avenir de l'Union.

Au Conseil européen de Thessalonique en juin 2003 a eu lieu la première discussion de fond à propos des propositions finales de la Convention.

En décembre 2003 le Conseil européen à Bruxelles s'achève le samedi 13 décembre sur un échec complet : aucun accord n'a été trouvé sur le projet de Constitution et sur la répartition des votes et pouvoirs. L'Espagne et la Pologne se sont montrées inflexibles, préférant défendre des intérêts nationaux. Le point d'achoppement porte sur la révision du traité de Nice et la redistribution des pondérations de voix au conseil sur lequel nous reviendrons plus en détail.

LE POINT DE VUE DE LA FRANCE ET DE L'ALLEMAGNE

La France comme l'Allemagne ont toujours soutenu et défendu une adhésion rapide des pays de l'Europe de l'Est. L'élargissement de l'Union européenne vers les PECO permet à l'Allemagne d'effacer sa culpabilité à l'égard des Polonais et des Tchèques. À l'égard des Hongrois l'Allemagne éprouve une grande gratitude, puisque c'est à la Hongrie qu'elle doit l'ouverture du rideau de fer à la frontière verte avec l'Autriche. Ce qui préfigurait la chute du mur à Berlin. C'est par cette brèche que des milliers citoyens de la RDA ont pu quitter leur pays.

La Pologne exceptée, les autres PECO comptent environ entre deux et dix millions d'habitants, un chiffre largement inférieur à celui d'un Land en Allemagne. La Rhénanie du Nord la Westphalie comptent 17 millions d'habitants, la région île de France 12 millions. La population globale des 10 nouveaux pays membres est de 75 millions.

Le poids économique des pays candidats ne représente seulement qu'environ 4% de celui de l'UE. Il faut donc dédramatiser la crainte des Quinze et notamment celle des conséquences économiques et agricoles sur les pays occidentaux que pourrait entraîner cet élargissement.

C'est une épreuve pour l'ensemble de l'Europe. Une nouvelle idée de la cohésion, et une politique commerciale, agricole et culturelle reconfigurée, doit sortir de ce défi. Les intégrations antérieures, Espagne, Portugal, Grèce, ont montré que l'adhésion de l'Europe méditerranéenne était plutôt stimulante.

L'Allemagne comme l'Autriche ont été rattrapées par leur passé lors des négociations pour l'adhésion.

Le vieux contentieux et la résurgence du débat sur les déplacements de populations allemandes après la seconde guerre mondiale, les décrets Benes imposant la confiscation des biens et l'expulsion de trois millions d'Allemands des Sudètes de Bohême et de Moravie ont parfois empoisonné les débats.

En effet les expulsions des Allemands d'Europe de l'Est lors de l'effondrement du nazisme, se sont déroulées dans des circonstances dramatiques. Durant l'hiver 1944-45 près de 14 millions de personnes ont fui devant l'armée rouge, de Prusse orientale, Poméranie et

Silésie. On estime à près de deux millions de morts le nombre de victimes.

L'opinion des Tchèques sur les Allemands des Sudètes n'a quasiment pas évolué depuis la chute du communisme en 1989. Les derniers furent accusés collectivement de collaboration avec le régime nazi et aucun Tchèque ne met en cause les décrets Benes.

Cette réapparition de l'histoire enfouie de l'exode est peut-être un retour normal des choses, maintenant que l'Allemagne a fait son travail de mémoire sur le nazisme. Les Allemands vivent dans un Etat qui n'a plus de conflits de frontières. Il est donc plus facile de parler de manière nouvelle des horreurs commises dans les anciens territoires de l'Est, sur lesquels personne n'élève plus de revendication.

Un projet allemand d'un centre du souvenir à Berlin, dédié aux expulsés allemands de 1945 enflamme les passions aussi bien à Berlin qu'à Varsovie, Prague ou Budapest.

Un contre projet proposé par plusieurs intellectuels polonais semble plus tourné vers l'avenir.

Il s'agit d'un centre de recherche non pas à Berlin mais à Wroclaw (anciennement Breslau en Silésie), consacré à l'ensemble des expulsions ethniques sur le continent européen. Des Allemands des territoires orientaux, mais aussi des Polonais de l'Ukraine, des Hongrois de la République tchèque jusqu'aux nettoyages ethniques récents en ex-Yougoslavie.

Aujourd'hui encore vit en Pologne une minorité allemande qui comprend entre

350 000 et 500 000 personnes, généralement de nationalité allemande et polonaise. Ces personnes vivent à 90 % en Haute Silésie (notamment dans la Voïvodie d'Opole). Il existe par ailleurs des groupes dans les Voïvodies de Varmie-Mazurie - surtout autour d'Olsztyn (Allenstein) -, de Poméranie - notamment Gdansk -, de Cujavie, de Poméranie occidentale, de Basse Silésie, de Grande Pologne et de Lodz. Les droits des minorités sont garantis dans la constitution polonaise.

LA FONDATION FRANCE-POLOGNE

13 millions de Polonais vivent hors de Pologne dont 1,5 en France, 6 aux Etats-Unis.

Cette forte présence polonaise a joué dans la création de la Fondation France-Pologne en 1989. La mobilisation de la société civile française en solidarité avec la Pologne dès cette année était très active. Les collectivités locales françaises se sont investies pour soutenir les populations polonaises en affirmant clairement le caractère humain et politique de leur engagement. La Fondation France-Pologne a reçu comme mission d'accompagner l'adhésion de la Pologne à l'Union européenne. Pour ce faire, la Fondation donne la priorité aux projets menés en partenariat ; elle contribue à ces projets en apportant son savoir-faire, son réseau, ses financements, etc.

Quatre champs d'action :
La coopération administrative
La démocratie locale et la citoyenneté
La cohésion sociale dans les mutations industrielles et agricoles
La formation
Et des acteurs :
Collectivités locales, administrations, entreprises
Chambres consulaires
Etablissements de formation supérieure et établissements scolaires
Associations, organisations non gouvernementales.

4. Le Triangle de Weimar

Lancée à Weimar en 1991, sous l'impulsion des ministres français et allemand des Affaires étrangères, la relation trilatérale franco-germano-polonaise exprime à l'origine la volonté de l'Allemagne et de la Pologne de s'inspirer dans leur réconciliation du modèle de la réconciliation franco-allemande.

Cette relation tripartite s'inscrit aujourd'hui clairement dans le cadre de l'intégration européenne : elle est un instrument au service de l'Europe en voie de réunification. Elle permet aux trois pays d'échanger leurs vues sur les questions européennes et les questions de défense et de sécurité, notamment dans le cadre régional de l'Europe centrale et orientale. Cette relation trilatérale a aussi l'ambition de jouer dans le processus d'élargissement le même rôle moteur que la relation franco-allemande dans l'approfondissement. Pour la Pologne, elle reste un important moyen de réaliser les principaux objectifs de sa politique étrangère.

Le Triangle de Weimar s'enrichit régulièrement de nouvelles initiatives de coopération concrète dans des domaines divers et donne lieu à des rencontres annuelles des ministres des Affaires étrangères. En février 1998 a eu lieu un premier sommet du Triangle de Weimar à Poznan réunissant pour la première fois les chefs d'Etat des trois pays, qui ont alors décidé d'annualiser cette rencontre. Le sommet de Nancy (mai 1999) a concrétisé cette intention. Le dernier sommet du Triangle a eu lieu en février 2001 à Neustadt.

La dimension diplomatique du Triangle de Weimar a été complétée par le volet militaire à partir de 1994. Elle prend aujourd'hui la forme de manœuvres militaires communes, s'inscrivant dans le cadre d'un projet de "corps multilatéral" européen en Europe Centrale. Les trois ministres de la Défense ont approuvé en novembre 1997 à Weimar un programme triennal de coopération militaire et de défense qui vise à élargir les coopérations bilatérales existantes. La dernière rencontre des ministres de la Défense a eu lieu en juin 2001.

Un autre volet de la coopération franco-germano-polonaise est celui des relations parlementaires dans le cadre des Commissions des Affaires étrangères. Engagés en novembre 1992 à Bonn, ils sont vivement encouragés par la partie allemande. La dernière réunion a eu lieu à Paris en mai 1999. Les Polonais y sont également très attachés et proposent aujourd'hui dans le prolongement des contacts établis entre Commissions des Affaires étrangères, l'organisation des rencontres trilatérales au niveau des groupes d'amitié parlementaires. Une rencontre des délégations pour l'Union européenne a eu lieu à Berlin en mars 2000. Les Centres d'Analyse et de Prévision des trois pays tiennent aussi des consultations régulières.

En ce qui concerne la coopération dans le domaine des finances, elle donne lieu, depuis juin 2001, à des rencontres annuelles des ministres des Finances des trois pays. Les ministres des Affaires étrangères souhaitent aussi favoriser l'extension de la coopération trilatérale dans plusieurs secteurs (intérieur, transports, environnement) et encourager la participation conjointe de la France et de l'Allemagne dans les jumelages institutionnels avec la Pologne.

Les trois pays ont également l'intention de renforcer la coopération économique et industrielle. L'organisation de rencontres tripartites d'hommes d'affaires devrait être complétée par l'exploitation des opportunités de coopération économique et industrielle dans les domaines des technologies avancées et notamment de l'aéronautique civile et militaire.

Les ministres des Affaires étrangères ont aussi souligné le 6 janvier 1999 à Paris le rôle que devait jouer le Triangle en matière de mémoire et de renforcement de l'identité culturelle européenne.

M. Hubert Védrine, Ministre des affaires étrangères a rencontré le 8 juin 2000 à Cracovie ses homologues allemands et polonais dans le cadre des réunions ministérielles du Triangle de Weimar. Les discussions ont porté sur la sécurité en Europe, sur la construction européenne et l'élargissement de l'Union européenne.

M. Chirac était à Hambach, au sommet du Triangle de Weimar en février 2000. Ce dernier a été organisé autour des trois thèmes principaux : les questions de défense et de sécurité, les relations avec les pays situés à l'Est des frontières résultant du prochain élargissement, l'avenir de l'Union et l'élargissement. Il témoigne de la volonté des trois partenaires de donner un nouveau souffle à leur activité dans le cadre de cette fructueuse coopération.

M. Chirac était également à Wroclaw le 9 mai 2003 pour une réunion au sommet du Triangle de Weimar.

Autre réunion du Triangle de Weimar, le vendredi 16.01 2004 à Berlin rassemblait les chefs de la diplomatie d'Allemagne, de France et de Pologne, pour tenter de recoller les morceaux de la future Constitution européenne, que tous trois jugent indispensable mais conçoivent de manière radicalement différente. Un accord pour débloquer l'impasse instaurée par l'échec du sommet de Bruxelles de la mi-décembre, passe nécessairement par la Pologne, ombrageuse, aspirant à un statut de puissance, inquiète de sa place dans l'Union européenne et en profonde crise socio-économique.

LE POINT DE VUE DE LA FRANCE ET DE L'ALLEMAGNE

En élargissant le Traité de l'Elysée de 1963 à la Pologne, la coopération franco-allemande en matière de politique européenne pourrait prendre un nouvel élan à la fois novateur et durable et permettre une coopération privilégiée et étroite.

La France, l'Allemagne et la Pologne , en tant que représentants de trois cultures européennes importantes - romane, germanique, slave - pourraient parachever l'Europe sans pour autant en revendiquer l'exclusivité et ce grâce à leurs expériences, leurs affinités historiques et actuelles. Ce "triangle" franco- germano-polonais pourrait devenir un des moteurs de l'Union élargie et remplacer le tandem franco-allemand. Les relations franco-polonaises ont toujours été très étroites. Aucune guerre n'a jamais opposé les deux pays qui ont su entretenir des relations amicales. Les relations germano-polonaises s'intensifient depuis 1989 sur le modèle du Traité de l'Elysée.

Le triangle de Weimar permet la participation conjointe de la France et de l'Allemagne dans les jumelages institutionnels et la coopération dans tous les domaines avec la Pologne.

Quant à la coopération économique franco-polonaise, elle se caractérise par une plus grande dynamique des exportations polonaises vers la France, ainsi que par une grande activité des investisseurs français en Pologne. La France est devenue depuis 1998 le 3e fournisseur de la Pologne. L'Allemagne fait partie, à côté de la France et des États-Unis, des premiers investisseurs et partenaires économiques en Pologne

5. La Pologne nouveau pays membre de l'OTAN Trop pro-atlantiste ?

Au lendemain de la chute du mur, en décembre 1989, le Président François Mitterand a suggéré d'ouvrir grands les bras aux pays de l'Est pour toutes les questions relevant du politique, mais « de donner du temps au temps » pour les intégrer dans l'espace économique.

L'Alliance atlantique est arrivée avant l'Europe. Au sommet de Londre en 1990 l'Alliance offre son amitié et sa coopération aux pays d'Europe Centrale et Orientale après l'Unification de l'Allemagne En 1991 a lieu la dissolution du Pacte de Varsovie

L'adhésion à l'OTAN est devenue le principal objectif politique de la Pologne après le changement du rapport de forces en Europe orientale. L'extension de l'OTAN vers l'Est signifiait un changement de la position géopolitique de la Pologne. L'admission dans l'Alliance atlantique, le 12 mars 1999 a constitué l'un des événements essentiels dans l'histoire moderne de la Pologne. La Pologne est devenue une partie du système de défense allié, lequel garantit la sécurité et ancre la Pologne d'avantage à l'Ouest.

Pour la Pologne, la République Tchèque et la Hongrie, soucieuses de leur sécurité, l'intégration dans l'OTAN était évidemment un acte politique fort, réduisant peut-être l'adhésion à l'Union européenne à une simple entrée dans un espace de libre échange.

Une doctrine militaire à définir

Comment l'Europe une association d'Etats souverains pourrait-t-elle devenir une force militaire d'une nouvelle espèce ? Aurait-t-elle vocation a devenir une puissance militaire ? L'armée européenne devrait-elle :

• défendre le territoire européen contre toute agression ?

• empêcher tout usage de la violence à l'intérieur même du territoire européen (comme dans les conflits de l'ex- Yougoslavie) ?

• intervenir dans le reste du monde grâce à une force militaire rapide ?

• pourrait-elle faire contre poids aux Etats-Unis ?

L'Union européenne n'a pas l'ambition de gérer les affaires du monde entier. Elle reste une puissance continentale. Elle ne veut pas être une hyper puissance impériale. Dans le passé, les pays de l'Europe de l'Ouest - Allemagne, France, Italie, Grande-Bretagne, Belgique, plus anciennement Portugal, Espagne, Pays-Bas ont bien joué ce rôle en constituant des empires coloniaux. L'Europe n'aspire plus à une telle politique hégémonique.

Les moqueries adressées à la « vielle Europe » sont incomprises par les Français et les Allemands. Comment l'Allemagne avec son passé militaire pourrait elle participer à une guerre préventive ? Comment la France qui a terminé sa décolonisation dans le sang, pourrait elle envoyer ses soldats en Irak?

Jacques Chirac dans un discours (8 janvier 2004) a souligné qu'il ne peut pas exister d'opposition entre l'OTAN et l'Union européenne.

Est ce que les Etats-Unis font une opération de récupération sur la nouvelle Europe ? Les Etats - Unis mettent en valeur une relation privilégiée avec l'Europe de l'Est. Depuis le clivage à propos de l'Irak entre certains pays fondateurs de l'Union européenne alliés à Washington et la France et l'Allemagne, les Etats-Unis renforcent leurs relations avec les pays de l'Europe de l'Est. Ils contribuent ainsi à la division de l'Europe et la cherchent peut-être?

Les pays de l'Europe de l'Est apportent un soutient inconditionnel à la politique des Etats-Unis, même au risque de mécontenter certains membres de l'Union européenne.

En Janvier2003, quelques jours après avoir reçu une rallonge budgétaire de la part des Quinze, Varsovie a annoncé l'achat de 48 avions F16 aux Américains aux dépends des Mirages français ou des Gripen suédois.

Georges Bush, en visite à Varsovie déclarait : « *Je n'ai pas de meilleur ami en Europe aujourd'hui que la Pologne* ».

Le président polonais Aleksander Kwasniewski a exprimé sa position au moment des pourparlers précédant l'intervention américaine en Irak, il déclarait : « *Si c'est la vision du président Bush, c'est aussi la mienne.* »

Ce choix de soumission inconditionnelle a été suivi par la « Déclaration des dix » gouvernements de pays d'Europe de l'Est, de l'Estonie à l'Albanie dont la Pologne. Ils ont déclarés leur soutien inconditionnel à la politique des Etats-Unis et à la guerre préventive que ces derniers ont déclenchée en mars 2003 contre l'Irak, même au risque de déplaire à certains membres de l'Union.

Quelques jours plus tard, le président français Jacques Chirac les a tancé publiquement en déclarant : « *Ils ont perdu une bonne occasion de se taire et ils se sont comportés en enfants pas très bien élevés.* »

Quelle leçon faut il tirer de cette péripétie survenue dans les préparatifs de la guerre contre l'Irak ?

Comment expliquer le geste des pays de l'Europe de l'Est ? Sûrement pas par un manque de bonne éducation, ni une reconnaissance excessive envers les Américains pour leur rôle dans la guerre froide et la chute du communisme dans leurs pays.

Les pays de l'Europe de l'Est et notamment la Pologne partagent de longues frontières à l'Est avec les Russes. Les Polonais se sentent toujours menacés par leur voisin gigantesque. Même si la Russie d'aujourd'hui ne mène pas une politique d'expansion la crainte d'une domination étrangère est trop ancrée dans l'âme polonaise.

La question que tout Polonais se pose : en cas de menace direct, serons-nous mieux protégés par les Etats-Unis ou par les forces militaires réunies de la France et de l'Allemagne ? La réponse ne fait pas le moindre doute. Le bouclier militaire américain est crédible et rassurant. Etant dans l'impossibilité de tenir tête toute seule aux grandes puissances, la Pologne préfère être le satellite des Etats - Unis, que de la Russie. Ce protecteur est à la fois libéral et plus loin.

Vu de l'Europe de l'Est, les responsables de la division de l'Europe ne sont pas les signataires des lettres qui soutenaient la position américaine sur l'Irak, mais ceux comme la France et l'Allemagne qui ont pris position contre la guerre en Irak sans les consulter. D'où la crainte de voir le couple franco-allemand s'arroger un leadership à leurs dépens. La conception d'une Europe puissante comme contre poids aux Etats Unies laisse de marbre les pays de l'Europe de l'Est. L'antiaméricanisme de l'Europe de l'Ouest, la crainte de l'hyper puissance américaine, le rejet de son modèle économique ultra-libéral, le refus de la domination culturelle ne sont pas partagés par les pays de l'Europe de l'Est. Le danger qui se profile est la superposition de plusieurs clivages : Entre une Europe atlantiste et une Europe européenne, entre les grands pays et les petits pays européens.

La Pologne espère aussi tirer profit de son pro-atlantisme. Elle a envoyé 2400 hommes en Irak et les Polonais dirigent l'une des quatre régions militaires du pays.

Ils espèrent surtout recevoir une part importante du gâteau de la reconstruction de l'Irak et accueillir sur le sol une ou deux bases militaires que les Etats-Unis envisagent de fermer en Allemagne.

La vision de la « vieille Europe » d'une défense européenne n'est pas partagée par des pays de l'Europe de l'Est. La défense de l'Europe se fait par l'Otan, les pays européens et membres de l'OTAN ne doivent pas créer une nouvelle force paneuropéenne, censée opérer parallèlement à l'OTAN. Les deux entités doivent être complémentaires sans faire double emploi. Au contraire la France milite pour un commandement séparé.

Alors que l'OTAN intègre en mai 2004 sept autre pays de l'Europe de l'Est – la Bulgarie, l'Estonie, la Lettonie, la Lituanie, la Roumanie, la Slovaquie et la Slovénie 2004, le risque d'une divergence de vues entre les pays européens sur la sécurité et la défense en Europe risque d'augmenter.

Ces sept pays ont été invités à adhérer à l'Alliance lors du Sommet de l'OTAN tenu à Prague en novembre 2002.

Tous ont déjà répondu à la demande américaine d'envoyer des hommes en Irak.

Les Etats-Unis ont trouvé en Europe de l'Est des partenaires dociles et très coopératifs.

L'idée d'une identité européenne, d'une Europe puissante, d'une Europe de défense, parait suspecte vue d'outre Atlantique et n'est pas non plus une priorité pour les pays de l'Europe de l'Est. Mais la géographie donnera sûrement raison à cette Europe.

LE POINT DE VUE DE LA FRANCE ET DE L'ALLEMAGNE

Le président Jacques Chirac a morigéné les pays de l'Europe de l'Est et il a provoqué par ses déclarations des réactions très négatives Avait il raison de tenir de tel propos ? La France prend trop facilement le rôle de donneuse de leçons facilitée par sa prétention à être le pays des droits de l'Homme. L'élargissement de l'Union européenne n'est pas un élargissement de la France. La France peut se permettre une telle liberté dans ses propos, car elle n'a aucun contentieux historique à assumer avec les nouveaux pays membres de l'Union européenne.

Jamais l'Allemagne ne pourrait faire de telle déclaration. Son passé historique avec ses voisins limitrophes à l'Est est beaucoup trop chargé. Même aujourd'hui encore le problème des populations déplacées, de Silésie ou Prusse orientale, ou les Sudètes, pèse encore sur les relations germano-polonaises ou germano-tchèques.

L'EUROPE DE LA DEFENSE

C'est en décembre 1998, lors du Sommet franco-britannique de Saint-Malo, qu'est lancée véritablement l'Europe de la défense ; les Britanniques acceptent enfin de voir l'Union européenne se doter d'une "capacité autonome d'action, appuyée sur des forces militaires crédibles".

Un an plus tard, au Sommet d'Helsinki, les Quinze décident la création d'une force de réaction rapide capable, à partir de 2003, d'effectuer des missions dans le cadre fixé par la déclaration de Petersberg (1992) : missions humanitaires et d'évacuation, maintien de la paix, gestion des crises et rétablissement de la paix.

L'objectif de l'Union européenne n'est pas de créer une armée européenne, mais simplement de mettre en commun des forces pour mener des opérations militaires dans le cadre intergouvernemental de ce qui s'intitule désormais la Politique européenne de sécurité et de défense (PESD).

L'objectif est pour l'Union de disposer des moyens de décider et des moyens d'agir face à une crise survenant en Europe, où son intervention serait demandée et utile, sans dépendre des décisions d'autres institutions, et en particulier de l'Alliance atlantique. Il s'agit donc de se doter des moyens d'intervenir dans les hypothèses dites, depuis 1992, "de Petersberg" (du nom d'un sommet de l'UEO) : hypothèses humanitaires, de maintien de la paix, d'évacuation de ressortissants, de rétablissement de la paix... Il est important de souligner qu'en aucun cas il ne s'agit de "défense commune", celle-ci restant assurée par l'Alliance atlantique. Il s'agit de manier en commun une diplomatie, et des moyens militaires au service de la solution des crises.

Missions de Petersberg

Définies le 19 juin 1992 à Petersberg, près de Bonn, lors d'une réunion des membres de l'UEO, les missions pouvant être menées sous l'autorité de l'UEO et avec les unités militaires des pays membres sont les suivantes : missions humanitaires ou d'évacuation de ressortissants, missions de maintien de la paix, missions de forces de combat pour la gestion des crises, y compris des opérations de rétablissement de la paix (exemple du Kosovo). Insérées dans le traité d'Amsterdam en 1997, ces missions relèvent désormais de l'Union européenne.

Union de l'Europe occidentale - UEO

Western European Union - WEU

Objectifs

Créée en 1955 par les Accords de Paris de 1954 modifiant le Traité de Bruxelles de 1948 (Belgique, France, Luxembourg, Pays-Bas, Royaume-Uni) afin de promouvoir la défense et la sécurité européennes, et élargie ensuite à la RFA, l'Italie, l'Espagne, le Portugal et la Grèce, sa dissolution a été entérinée en novembre 2000, pour laisser la place à la PESC (Politique étrangère et de sécurité commune) instituée par le Traité de Maastricht sur l'Union européenne de 1992. Certains organes sont cependant maintenus au titre des engagements de l'article V du Traité de Bruxelles de 1948.

Siège : Bruxelles (Belgique)

La France et l'Allemagne cherchent à faire avancer cette force militaire européenne. Mettre en commun tout le potentiel militaire des 25 permettrait à l'Europe de renforcer considérablement sa crédibilité et peut-être de se passer de la tutelle des Etats-Unis.

Mais ni les Quinze et encore moins les Vingt-cinq ne sont d'accord sur une telle vision.

Les nouveaux pays membre de l'Otan préfèrent l'étroite collaboration avec des Etats - Unis. La déclaration ci dessous de la Pologne en témoigne :

Union/Défense - Le "oui mais" de la Pologne à Paris et Berlin.

La Pologne pourrait participer à l'initiative de la France, de la Grande-Bretagne et de l'Allemagne en matière de défense européenne, à condition que celle-ci ne "relativise" pas les relations transatlantiques, a déclaré vendredi le ministre polonais des Affaires étrangères.

Nous acceptons pleinement et nous sommes prêts à ce type de coopération, a expliqué Wlodzimierz Cimosziewicz à la presse après un entretien et un déjeuner avec son homologue français, Dominique de Villepin, au Quai d'Orsay.

« Nous comprenons le besoin de renforcer la capacité de défense européenne. La Pologne est intéressée par toute forme de coopération militaire », a-t-il dit.

« Cependant, nous voulons qu'il soit très clair que ce type de coopération ne relativiserait pas les relations transatlantiques que nous avons déjà et qui nous donnent des garanties de sécurité. »

PARIS, 9 janvier 2004 (Reuter) :

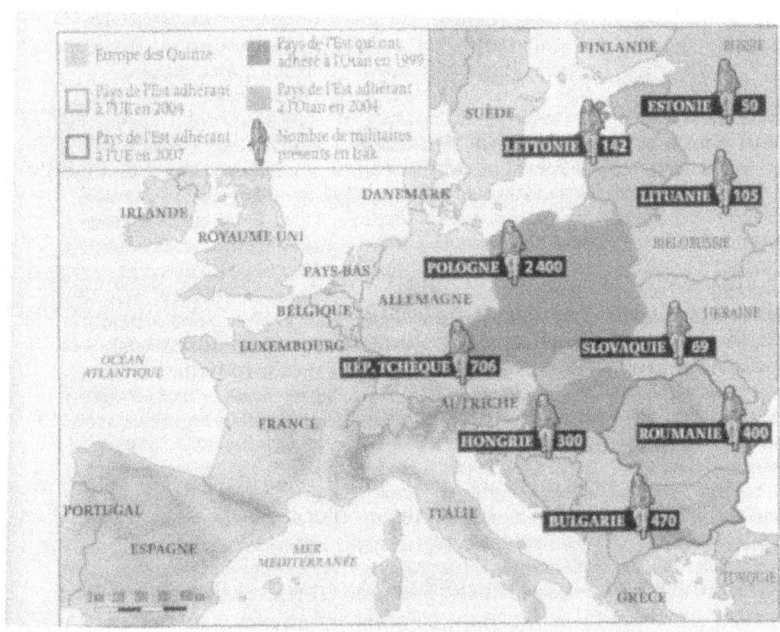

Nombre de militaires envoyés par les pays de l'Europe de l'Est en Irak

Source : OTAN

6. La zone euro - le pacte de stabilité - le traité de Nice - le budget de l'Union européenne comme arme de menace

Le Pacte de stabilite

Les critères de Maastricht ont été fixés pour pouvoir introduire l'euro. Ces critères doivent être pérennisés dans le Pacte de stabilité au-delà de la date de l'introduction de la nouvelle monnaie européenne. Ils imposent aux pays de la zone Euro les mêmes disciplines que celles qui ont dominé le processus de convergence pour la monnaie unique. Ces pays encourent des sanctions financières en cas de non-respect des critères.

Historique

Les chefs d'Etat et de gouvernement de l'UE ont conclu le traité de Maastricht le 7 février 1992. Celui-ci prévoyait l'introduction de l'Euro au plus tard le 1er janvier 1999. Le traité de Maastricht a établi également les procédures et les critères d'après lesquels les chefs d'Etat et de gouvernement déterminent la liste des Etats qui participent à l'Union économique et monétaire.

L'Union économique et monétaire a pris effet au 1er janvier 1999 pour les Etats membres qualifiés. Les parités entre les monnaies des différents pays participants sont désormais fixées irrévocablement.

Le traité de Maastricht définit 4 critères

1. Le taux d'inflation doit être en dessous de 2,7%, ce taux d'inflation ne doit pas être supérieur de plus de 1,5 points à la moyenne des trois meilleurs pays

2. Les taux d'intérêt à long terme ne doivent pas dépasser de plus de 2 points la moyenne de ceux pratiqués par les trois pays les moins inflationnistes.

3. L'endettement public doit être inférieur à 60 pour cent du PIB (somme de toutes les productions économiques d'un pays).

4. Le déficit budgétaire ne doit pas s'élever en principe à plus de 3 pour cent du PIB.

LE PACTE DE STABILITE

A l'automne 1995, le ministre allemand des Finances, Théo Waigel, propose l'instauration d'un pacte de stabilité afin que les Etats qualifiés pour l'Euro ne relâchent pas leurs efforts après la mise en place de la monnaie unique le 1er janvier 1999. Devenu pacte de « stabilité et de croissance » (à la demande de la France) et entériné par les Quinze au Conseil européen d'Amsterdam en juin 1997, cet accord intergouvernemental impose aux pays de la zone Euro la même discipline que celle qui a dominé le processus de convergence pour la monnaie unique. Il vise à sanctionner financièrement tout contrevenant et à brider voir totalement interdire toute politique économique ou sociale alternative. La BCE (banque centrale européenne) se retrouve investie d'extraordinaires pouvoirs qui lui permettent de piloter dans le secret et l'opacité les politiques économiques et sociales de l'Union. La marge de manœuvre économique et budgétaire des Etats membres s'en trouve fortement réduite. On constate ainsi qu'aux trois pouvoirs distincts traditionnels législatif, exécutif et judiciaire s'en ajoute désormais un quatrième : Le pouvoir bancaire, désormais lui aussi indépendant.

SANCTIONS

En cas d'inaction persistante, et après avertissements du Conseil (recommandation, éventuellement rendue publique, puis mise en demeure de prendre les mesures nécessaires), un Etat pourra être soumis aux sanctions financières. Ces sanctions (constitution d'un dépôt sans intérêt, transformé en amende au bout de deux ans) comprendront une partie fixe, de 0,2 % du PIB, une partie variable fonction de l'écart entre le déficit effectif et la valeur de 3 % du PIB, et seront plafonnées à 0,5 % du PIB. Ces dispositions ont été entérinées lors du Conseil européen.

APPLICATIONS

Les premières tensions entre les Etats membres et l'administration bruxelloise à propos des règles du Pacte de stabilité sont apparues en 2002. Tout d'abord limité à deux petits pays - l'Irlande et le Portugal -, le conflit touche depuis 2003 essentiellement les deux plus grands Etats de la zone Euro : l'Allemagne et la France dont les comptes publics ne sont, actuellement, plus conformes aux règles du Pacte de stabilité en raison notamment d'une conjoncture économique difficile.

La France et l'Allemagne avec, en 2003 et 2004 un déficit supérieur à 3% du PIB ont échappé aux sanctions prévues dans le Pacte. Cette décision de ne pas sanctionner à été prise à la majorité qualifiée. A ce même Conseil des ministres des finances Paris et Berlin se sont engagés à réduire leur déficit

Les gouvernements français et allemand acceptent donc difficilement qu'une partie de leur souveraineté budgétaire ait été transférée à Bruxelles.

La phrase de Hanse Eichel, ministre allemand des finances selon laquelle « le Pacte de stabilité n'a pas été conçu pour être appliqué à l'Allemagne » est particulièrement choquante.

Les grands Etats peuvent-ils fouler les règles communes quand elles ne leurs conviennent pas ? Peuvent ils mener une politique économique et budgétaire nationale, sans se soucier de l'intérêt général communautaire ?

L'EURO POUR TOUS

Les dix nouveaux membres de l'Union européenne ont vocation à adopter l'euro dès qu'ils seront prêts. Il leur restera, en effet, à préparer leur entrée dans la zone euro. En adhérant à l'UE, ils s'engagent à faire tous les efforts pour respecter les critères de convergence définis à Maastricht, et à adopter l'Euro dès qu'ils y seront parvenus.

Quatre candidats à la zone euro pour 2007 :

La Lituanie, l'Estonie, Chypre et la Slovénie, espèrent à leur tour rejoindre la zone euro dès 2007. Ces pays devront cependant, pour y parvenir, satisfaire à un certain nombre de conditions. Leur entrée dans l'Union monétaire se fera en ordre dispersé tant leur situation par rapport aux critères d'adhésion exigés sont disparates.

Pour des raisons évidentes liées à l'écart qui subsiste entre leurs performances économiques et celles de l'Europe occidentale, l'entrée dans la zone euro aura lieu progressivement.. Leur revenu moyen par habitant n'atteignait que 46 % de la moyenne de l'UE en 2001 (40 % en Pologne, 33 % en Lettonie.).

Cependant, contrairement à la Grande-Bretagne ou au Danemark, les nouveaux pays membres ne bénéficient d'aucune clause d'exception. Ils devront maintenir leurs déficits publics en dessous de 3 % du PIB ; or, en 2003, ces déficits atteignaient 4,1 % en Pologne, 5,9 % en Hongrie, 12,9 % en République tchèque.

Les candidats devront respecter également le fameux critères de Maastricht dont notamment ceux relatifs à l'endettement (dette inférieure à 60% du PIB), et au déficit public (3% du PIB). Ce qui n'est pas encore gagné pour la plupart d'entre eux.

La Lituanie, l'Estonie, Chypre et la Slovénie ont fait le pari d'être prêts pour 2007. Pour cela, ces pays devront avoir fait partie, pendant une durée minimum de deux ans, du mécanisme de change européen qui remplace l'ancien système monétaire européen (SME). Selon ce dispositif leur monnaie devra alors évoluer, sans crise grave, dans une limite de plus ou moins 15% autour d'un cours pivot par rapport à l'Euro qui aura été déterminé par les ministres des finances de la zone euro et la Banque centrale européenne.

Ils devront sûrement aligner la hausse de leurs prix à la consommation et leurs taux d'intérêt à long terme sur les pays de l'UE où l'inflation est la plus basse. En effet, le but même de ce processus est que les écarts de productivité et de salaires avec les pays les plus industrialisés se comblent progressivement.

Le scénario ensuite sera le même que celui que nous avons vécu en 1999: dès que les critères de convergence seront respectés, l'adhésion à l'euro deviendra obligatoire.

Traité de Nice

Objectifs

Contexte du traité de Nice

Signé le 26 février 2001, le Traité de Nice vise à conforter le fonctionnement des institutions européennes dans la perspective du futur élargissement de l'Union européenne aux pays d'Europe Centrale et Orientale (plus Malte et Chypre)

Il est entré en vigueur le 01 février 2003.

Un double objectif est recherché :

• garantir l'efficacité des institutions communautaires Commission, Parlement notamment par une limitation du nombre de leurs membres,

- préserver le caractère démocratique du processus de décision en veillant à mieux prendre en compte le poids démographique de chacun des Etats dans la pondération des voix au Conseil.

Réforme du processus de décision
Nouvelle pondération des voix au niveau du Conseil.

A partir de 2005, la majorité qualifiée sera atteinte lorsque la décision recueillera un nombre de voix défini et une majorité des Etats-membres. En outre, un Etat pourra demander que la majorité qualifiée représente au moins 62% de la population de l'Union. Le nombre de voix attribué à chaque Etat est modifié; il est plus important pour les Etats membres plus peuplés.

Le vote à la majorité qualifiée a été étendu.
Seront votées à la majorité qualifiée les décisions, les plus nombreuses :

Celles concernant le marché intérieur, les politiques de visas, la coordination des politiques économiques, les politiques monétaires, la politique sociale, l'éducation, la santé, l'environnement, l'aide au développement, la recherche

Composition et fonctionnement des institutions
La taille du Parlement européen a été augmentée et son rôle est renforcé.

Le nombre maximal de sièges passe de 626 à 732. La répartition entre les Etats membres et les pays candidats est fixés par le Traité. Le rôle de colégislateur du Parlement européen est renforcé. Une base juridique permet désormais la création d'un statut des partis politiques au niveau européen.

COMPOSITION DE LA COMMISSION

A partir de 2005, le nombre de commissaires est fixé à un par Etat. A partir de 27 Etats membres, un système de rotation verra le jour selon des modalités décidées par le Conseil à l'unanimité.

Les pouvoirs du Président, au sein du Collège, sont également renforcés.

Le Président est désormais désigné par le Conseil à la majorité qualifiée, après approbation du Parlement européen. Le Président peut demander à un commissaire de démissionner.

Par ailleurs, le Traité redéfinit la répartition des compétences entre la Cour de Justice et le Tribunal de première instance.

Les coopérations renforcées, instituées par le Traité d'Amsterdam, permettaient à un groupe d'Etats d'aller de l'avant, alors même que tous les Etats ne voulaient pas ou ne pouvaient pas le faire dans l'immédiat.

Le Traité révise les modalités qui mènent au déclenchement d'une telle coopération afin de faciliter sa mise en oeuvre.

CONDITIONS DE MISE EN OEUVRE

Le Traité limite à 8 (au lieu de la majorité) le nombre minimum d'Etats membres nécessaires. Le droit de veto est supprimé. De plus, les coopérations renforcées sont étendues à la Politique étrangère de sécurité commune (PESC), à l'exclusion des questions ayant des implications militaires ou dans le domaine de la défense.

Dans ce système du traité de Nice, chaque pays a un nombre précis de voix. Pour être adoptées, les décisions doivent être approuvées par au moins la moitié des Etats et réunir 72,3 % des voix.

La Convention propose que les décisions soient adoptées par une majorité d'Etats représentant 60 % de la population de l'Union. Le passage d'un système à l'autre a deux conséquences. Il bouleverse le rapport de forces au sein du Conseil, en faveur des pays de plus de 60 millions d'habitants, notamment de l'Allemagne, au détriment de l'Espagne et de la Pologne, mais aussi des pays de taille moyenne, comme la Belgique et les Pays-Bas. Les pays les moins peuplés préservent leur influence grâce à la voix qu'ils ont en tant que pays. Surtout, ce changement de système facilite la prise de décision en Europe car il rend beaucoup plus difficile la constitution de minorités de blocage.

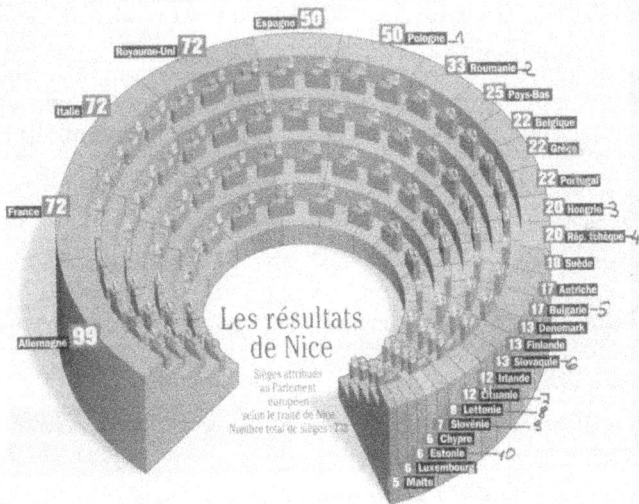

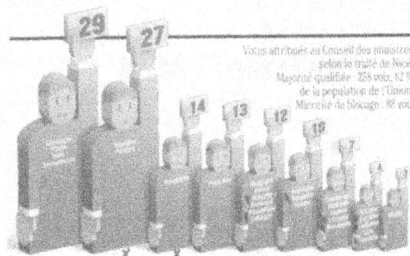

Source : La documentation Française

Points de vue de la France et de l'Allemagne

Adopté sous la présidence française, le texte apportait, selon Jacques Chirac, *"des progrès considérables"*. Jugé rapidement impraticable, il entre néanmoins en vigueur le 1 janvier 2003 pendant au moins six ans.

Pourquoi Nice est un mauvais traité ?

Nice a produit un mauvais traité, que tous les Européens convaincus ont fermement critiqué. C'est un mauvais traité car s'il a bien entériné l'élargissement, ce dernier n'a pas été accompagné de plus d'efficacité, de transparence et de démocratie et n'a pas abordé de manière définitive les problèmes institutionnels.

L'idée d'une Constitution préalable exprimant la volonté du « Peuple » européen par référendum n'a pu alors être acceptée.

Le Traité de Nice en décembre 2000 a formulé un cadre juridique suffisamment vaste pour permettre l'extension de l'Union aux nouveaux États-membres et le partage de pouvoir que l'élargissement impliquait. Le traité de Nice a opté pour une formule transitoire - jusqu'en 2009 - en assurant la parité des votes entre les quatre grands (Allemagne, France, Grande-Bretagne et Italie) malgré leurs différences démographiques. Avec la même logique, il a accordé un pouvoir exceptionnel à l'Espagne et à la Pologne. Le traité de Nice, qui leur donne un statut presque équivalent aux quatre plus grands pays de l'UE (Allemagne, France, Italie, Royaume-Uni) était donc le texte en vigueur pour gérer la prise de décision d'une Union élargie à 25 membres.

Pour l'Espagne et la Pologne, la capacité de veto obtenue à Nice était la garantie que les perspectives financières (le budget communautaire) pour 2007-2013 restaient devoir être approuvées à l'unanimité et qu'ils pourraient continuer à recevoir les aides structurelles européennes, dont ils sont les principaux bénéficiaires présents et futurs.

Le président de la République s'était battu afin que soit maintenue la parité des voix au Conseil entre la France et l'Allemagne. Pour parvenir à ses fins, il avait rehaussé le statut de l'Espagne et de la Pologne, sacrifié au passage quelques sièges français de députés européens et, surtout, obstinément refusé la double majorité - des Etats et de la population - proposée par Berlin. Les simulations de vote auxquelles avait procédé le Quai d'Orsay montraient que, dans une Union à vingt-cinq, cette formule donnait aux Allemands un pouvoir jugé exorbitant.

Sous le gouvernement d'Aznar Espagne mais également la Pologne sont montrées du doigt comme les mauvais élèves de la classe européenne, sous prétexte qu'elles refusent la remise en cause de la pondération des voix décidée... sur l'insistance de la France.

C'est la première fois dans l'aventure de la construction européenne qu'un traité est déclaré impraticable avant même d'avoir été appliqué. Plus fort encore, le système de Nice, supposé inefficace sans doute à juste titre a été mis en œuvre à partir du 1er mai 2004. En effet, l'élargissement de l'Union sera effectif à cette date alors que la Constitution, si elle voit le jour, ne devrait entrer en vigueur au mieux qu'en 2009 voir en 2014. Dans l'intervalle, c'est le traité de Nice qui aura force de loi. L'Union vivra donc pendant cinq ans au moins avec une procédure de vote dont on sait à l'avance qu'elle est vouée à l'échec.

Le Conseil européen de Laeken en 2002 a convoqué la Convention pour remédier aux carences de Nice.

BUDGET

Quel budget pour l'Union européenne

Le budget communautaire s'élève en 2000 à 96,929 milliards d'Euros, il sert à financer les politiques communes. Il est élaboré par le Conseil de l'Union européenne et par le Parlement européen.

LES RECETTES

La "ressource PNB", contribution de chaque Etat membre basée sur sa richesse (calculée sur sa part dans le PNB communautaire) est devenue le mode de financement numéro un (45,9 % des recettes);
La "ressource TVA" (35,5 % des recettes);
Le montant des droits de douane, perçus sur les importations dans l'Union européenne de produits en provenance de pays tiers, (13,9 % des recettes);
Les droits agricoles représentent 2,2 % du total des recettes qui proviennent aussi pour 2,5 % de ressources diverses.
Les recettes sont plafonnées à 1,27 % du produit national brut (PNB) de l'Union européenne.

En 2000, la Communauté consacre :

40,4 milliards d'Euros aux dépenses agricoles;

39 milliards d'Euros aux actions structurelles;

6 milliards d'Euros aux politiques internes;

6 milliards d'Euros aux actions extérieures à destination des pays tiers, avec une priorité accordée aux dépenses de coopération avec les pays d'Europe centrale et orientale;

4,5 milliards d'Euros aux dépenses administratives des institutions.

La contribution de chaque pays est fonction de sa richesse et de sa taille. L'Allemagne contribue aujourd'hui pour 26,4 % du budget communautaire. La France est le deuxième financeur à hauteur de 17,2 % du budget, suivie de l'Italie pour 13 %, et du Royaume-Uni pour 13,5 %. Certains pays comme l'Allemagne, les Pays-Bas, l'Autriche et la Suède, qui estimaient que leur contribution nette était trop élevée ont obtenu au Sommet de Berlin une réduction de leur contribution, alors que le Royaume-Uni se faisait confirmer, pour les mêmes raisons, la " ristourne " obtenue en 1984.

Accusées d'avoir fait capoter la réforme des institutions de l'Europe, l'Espagne et la Pologne font l'objet de représailles décidées par les six plus gros contributeurs au budget de l'Union. Dans une lettre adressée à Romano Prodi, président de la commission et rendu publique le 15 décembre 2003, l'Allemagne, l'Autriche, la France, la Grande-Bretagne, les Pays-Bas et la Suède prennent position sur le budget de l'Union qui doit être engagé pour la période 2007-2013.Les six ne veulent pas que le budget de l'Europe élargie à 25 membres dépasse son niveau actuel de 1% du PNB européen. Les six lient ainsi le débat budgétaire au débat institutionnel.

La Pologne a cruellement besoin de fonds européens. Son BIP n'atteint que 40% de la moyenne européenne. Cette austérité budgétaire, plafonné à 1% du PNB européen est ressenti en Pologne comme une rétorsion, après l'échec du sommet de Bruxelles.

L'Union européenne ne peut fonctionner selon le principe de la carotte et du bâton.

BUDGET EUROPEEN: RECETTES ET DEPENSES 2003

Source : Budget général de l'Union européenne pour l'exercice 2003 : synthèse chiffrée -
EUR-OP - 2003

RECETTES

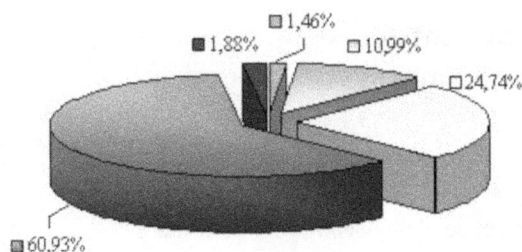

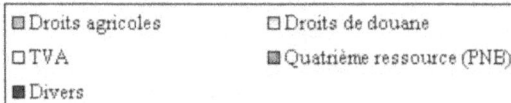

DEPENSES

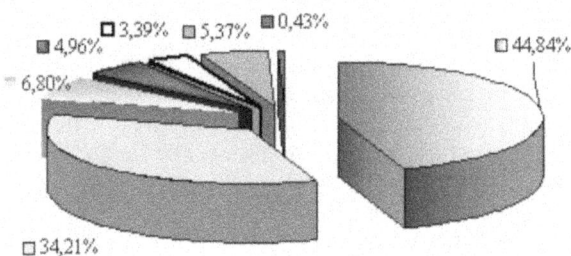

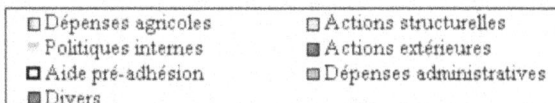

Source : Union européenne www.europa.eu.int

CHAPITRE II

1. La Convention européenne
La Convention sur l'avenir de l'Europe

En ce début du XXI ème siècle, l'Union européenne se voit confrontée à de nouveaux défis, principalement celui de la mondialisation et de son propre élargissement. Cette tâche a été reconnue par le Conseil européen, réuni à Laeken en décembre 2001 où les chefs d'Etat et de gouvernement ont adopté une déclaration sur l'avenir de l'Union européenne. La déclaration de Laeken a reconnu que « l'Union européenne se trouve devant un carrefour, un moment charnière de son existence. En ce moment historique, l'Union est confrontée à un double défi, l'un en son sein, l'autre en dehors de ses frontières. Afin de faire avancer le débat sur ces sujets, le Conseil européen a alors décidé qu'une Convention serait convoquée pour mener les discussions sur l'avenir de l'Union.

MANDAT DE LA CONVENTION

La mission de la Convention sur l'avenir de l'Europe, telle que définie dans la Déclaration de Laeken, était "d'examiner les questions essentielles que soulève le développement futur de l'Union et de rechercher les différentes réponses possibles".

Plus précisément, la réflexion de la Convention devait porter sur:

• la répartition des compétences entre l'Europe, les Etats membres et les régions

• la simplification des traités avec une distinction entre un traité de base et des dispositions d'application des traités

• l'intégration dans le traité de la charte des droits fondamentaux adoptés en décembre 2000 à Nice, l'adhésion de l'Union européenne à la Convention européenne des droits de l'homme, élaborée dans le cadre du Conseil de l'Europe, l'adoption d'une constitution européenne

- le rôle des Parlements nationaux dans la future architecture institutionnelle de l'Union.

La Convention s'est appuyée sur les conclusions des débats nationaux sur l'avenir de l'Europe et est restée en relation avec les représentants de la société civile (partenaires sociaux, milieux économiques, organisations non gouvernementales, milieux académiques...

COMPOSITION*

Composée de 105 membres titulaires, la Convention avait comme président Valéry Giscard d'Estaing et comme Vice-Présidents Giuliano Amato et Jean-Luc Dehaene. L'organe directeur de la Convention était un Présidium composé de 12 membres: le Président et les 2 Vice-présidents.

Les représentants de tous les gouvernements qui pendant la Convention exerçaient la présidence de l'Union européenne, c'est-à-dire l'Espagne, le Danemark, la Grèce et l'Italie;

. 2 représentants des Parlements nationaux;

. 2 représentants du Parlement européen;

. 2 représentants de la Commission européenne.

La répartition des membres de la Convention était la suivante:

. 15 représentants des chefs d'Etat et de gouvernement des Etats membres (1 par Etat membre);

. 30 membres des Parlements nationaux (2 par Etat membre);

. 16 membres du Parlement européen;

. 2 représentants de la Commission européenne;

.les 13 pays candidats à l'adhésion étaient représentés dans les mêmes conditions que les Etats membres sans toutefois pouvoir empêcher le consensus qui se dégagerait entre Etats membres;

. 13 personnes ont un statut d'observateurs: 3 représentants du Comité économique et social, 3 représentants des partenaires sociaux, 6 représentants du Comité des régions, et le médiateur européen.

---

* www.europa.eu.int

Le texte prévoit de nouvelles règles institutionnelles, notamment un recours plus important au vote à la majorité qualifiée (dans 70 domaines d'action publique contre 34 actuellement). Cependant, le vote à l'unanimité reste la règle notamment en matière de fiscalité et de politique étrangère et de sécurité commune. Autres innovations : la création d'un président de l'Union européenne ainsi que d'un ministre des affaires étrangères de l'Union européenne, la suppression de la rotation des présidences de l'Union européenne, le resserrement du nombre de commissaires à 15. La Convention propose également l'institution de commissaires sans droit de vote afin que chaque pays soit représenté. Un droit de pétition est prévu pour les citoyens. Il permet pour un seuil de un million d'européens, (sur un total de 450 millions) issus d'un nombre significatif d'Etats membres, de demander à la Commission européenne de présenter une proposition de loi.

La pondération des votes au Conseil, ne traduit pas les réalités démographiques, elle ne tient pas davantage compte des contributions financières des Etats membres. L'Europe des Six était un ensemble relativement homogène, la Communauté actuelle regroupe des Etats entre lesquels les différences de développement sont plus visibles. Le Portugal, la Grèce et l'Irlande, qui ont ensemble plus de voix que l'Allemagne (13 contre 10) fournissent au total 3,4 % des recettes du budget communautaire, soit dix fois moins que l'Allemagne. La France et l'Allemagne fournissent à elles seules 53 % des recettes communautaires, alors qu'elles ne peuvent à elles deux constituer une minorité de blocage.

La contribution financière nette des Etats membres repose principalement sur l'Allemagne, les Pays-Bas et la France. Or ces trois pays, qui ensemble assurent approximativement les quatre cinquièmes des versements nets au budget communautaire, peuvent arithmétiquement être mis en minorité au sein du Conseil lorsqu'il s'agit de décider des dépenses. On ne tient aucun compte des réalités démographiques comme de la contribution financière, et ceci pourrait affaiblir la légitimité des décisions du Conseil. L'élargissement à l'Est va aggraver les déséquilibres, puisque les futurs adhérents verseront peu au budget communautaire et en recevront beaucoup, tout en disposant ensemble d'un grand nombre de voix attribuée après le traite de Nice.

Etats membres	Recettes de l'Union		Contribution nette 1995
	en Euro	en %	en Euro
Belgique	2.822,1	4,4	-309,3
Danemark	1.296,2	2,0	198,9
Allemagne	21.366,3	33,3	-13.637,1
Grèce	992,3	1,5	3.851,9
Espagne	4.718,1	7,4	3.116.6
France	12.550,9	19,6	-2.626,4
Irlande	638,9	1,0	1.752,0
Italie	7.759,6	12,1	-2.540,4
Luxembourg	165,4	0,3	253,7
Pays-Bas	4.245,9	6,6	-1829,9
Portugal	1.215,6	1,9	1.827,0
Royaume-Uni	6.417,4	10,0	-1.158,8
Source : Cour des Comptes des Communautés européennes			

Les pays membres de l'Union européenne n'ont pas réussi à se doter d'une Constitution au Conseil de Bruxelles en décembre 2003. Sous la présidence irlandaise de janvier à juin 2004 pour le premier semestre les discussions sur l'adaptation de la Constitution ont continué.

Les Quinze rejettent aussi le projet de statut des députés européens. Ce statut aurait permis de créer une nouvelle ligne de dépense dans le budget communautaire et leur rémunération par Bruxelles serait revenue à environ 9000 €. Ces derniers resteront placés sous la tutelle nationale. La France, l'Allemagne, l'Autriche et la Suède ne veulent pas d'un nouveau statut pour les députés européens. Ils les relient encore à leurs parlements nationaux. Ces nombreux échecs que connaît actuellement l'Union européenne, réjouissent les députés souverainistes, ce sont les parlementaires qui privilégient leurs souverainetés nationales respectives sur l'Europe. Cela montre également la réticence qu'éprouvent certains Etats à construire une Europe plus fédérale.

Depuis 1979, date des premières élections européennes au suffrage universel direct, les membres de l'Assemblée Européenne ne sont plus des envoyés spéciaux de ces Parlements. Toutefois ils continuent d'être payés comme leurs homologues nationaux, par leurs pays respectifs alors qu'ils ont une activité différente, travaillant à Strasbourg à Bruxelles et comme leurs collègues nationaux dans leurs circonscriptions.

Un eurodéputé italien gagne11.000 €, un Français et un Allemand 10.000 € et un Espagnol 3000 €. Les disparités vont s'aggraver avec l'élargissement puisqu'un Polonais n'aura que 2000 € et un Hongrois 760 €. Le salaire d'un eurodéputé rémunéré sur la base de 9000 € représente souvent le double ou le triple de ce que gagne un Président dans les nouveaux pays membres de l'Europe de l'Est.

A travail égal, salaire égal, comment résoudre le problème de la rémunération d'un eurodéputé dans une Europe élargie avec des énormes disparités du niveau de vie ?

Réunis à Bruxelles au sommet européen le 26 mars 2004, les vingt-cinq chefs d'Etat et de gouvernement de l'UE ont célébré une unité retrouvée. Les attentats de Madrid et les 190 morts, le 11 mars 2004 ont complètement changé la donne en quelques jours. Les chefs d'Etat ont souhaité achever le chantier de la future Constitution européenne sous trois mois et poursuivre les réformes économiques.

LE POINT DE VUE DE LA FRANCE ET DE L'ALLEMAGNE

La Pologne et l'Espagne ont fait figures d'accusées après l'échec du sommet de Bruxelles en décembre 2003. Elles ont rejeté le projet de Constitution en campant sur leurs positions dures et n'ont pas cédé sur le nombre de 27 voix qui leur accorde le traité de Nice. L'Allemagne, soutenue par la France, maintient qu'il est préférable de n'avoir aucun accord plutôt que d'accepter une Constitution édulcorée avec un système de vote fonctionnant mal.

"Nous sommes confrontés aujourd'hui à la nécessité de tracer de nouveaux horizons pour notre politique, de renforcer notre position dans l'Otan, dans l'UE et au sein de la communauté internationale", a déclaré M. Cimoszewicz., Ministre polonais des affaires étrangères.

En effet la Pologne représente à elle seule la moitié du potentiel humain et économique des dix Etats qui rejoignent l'UE au 1er mai 2004. Elle est un partenaire privilégié de Washington et elle revendique un rôle de premier plan dans l'arène internationale.

La Pologne et l'Espagne s'en tiennent au système complexe de vote adopté au sommet de Nice, en 2000, L'Espagne et la Pologne défendent le compromis de Nice, qui leur accorde 27 voix au conseil des ministres contre 29 à l'Allemagne, la France, la Grande-Bretagne et l'Italie. Il leur accorde des droits de vote presque équivalents à ceux de l'Allemagne, deux fois plus peuplée. De fait la Pologne a un important pouvoir de blocage. "Le système de Nice devrait être appliqué, testé, et c'est seulement après qu'il faudrait en changer", déclare avec force le premier ministre polonais, Leszek Miller.

La France et l'Allemagne ne semblent pas prêtes à évoluer sur le différend central. La Convention propose de redéfinir le seuil de la majorité qualifiée et de le simplifier. Elle propose qu'une majorité qualifiée représente 50% des Etats et au moins 60% de la population de l'Union européenne.

La Pologne veut conserver les avantages acquis au sommet européen de Nice en 2000, Berlin et Paris sont attachés à la double majorité, qui leur apparaît seule viable et équitable. Dans les milieux politiques allemands, l'attitude obstinée des Polonais est d'autant moins comprise que Berlin a été le fer de lance de son intégration européenne.

A la question "Que veut Varsovie?", les nombreux experts de la Pologne en Allemagne avancent plusieurs réponses: certaines très concrètes, la Pologne voulant par exemple garder un nombre de voix lui permettant d'empêcher une réduction ou un gel des subsides européens qui la menacent. D'autres très émotionnelles, comme l'idée que l'Europe, et particulièrement l'Allemagne, est redevable à la Pologne qui, martyrisée et démantelée au siècle dernier, devrait obtenir une sorte de compensation. Le grand danger que la Pologne cherche à éviter est l'Europe à deux vitesses, menace brandie par Berlin et Paris, qui risquerait de la réduire à un rôle marginal. Les Polonais veulent donc être associés aux grands contrats et projets économiques de l'Union européenne.

Les propositions de la convention :

LE POIDS DE CHAQUE PAYS DANS LES INSTITUTIONS DE L'UNION

% DES DROITS DE VOTE

Source : Le Monde, juin 2003

2. L'Europe, le premier mai 2004, élargissement ou réunification ?

L'Europe a des frontières un peu vagues et des conceptions diffé-rentes. Géographiquement, les frontières de l'Europe ne sont pas fixées avec précision. A l'Est, on considère généralement que la limite correspond à l'Oural, une chaîne de montagnes longue de plus de 2000 kilomètres. Cette chaîne traverse plusieurs pays d'Asie et d'Europe. On dit de ces pays qu'ils sont Eurasiens. C'est par exemple le cas de la Russie. Au sud, c'est la mer Méditerranée qui constitue la frontière de l'Europe. Mais, certaines îles en plein milieu de la Méditerranée sont encore européennes, comme Chypre, qui est par ailleurs très proche de l'Asie. Au nord et à l'ouest, c'est l'océan Atlantique qui boucle le territoire européen. Mais, là aussi, certaines îles très éloignées comme l'Islande font encore partie de l'Europe. Ce sont donc des frontières un peu vagues qui peuvent parfois entraî-ner des situations incertaines. Mais le territoire de l'Europe, c'est aussi l'idée que l'on s'en fait. Par exemple, vers l'an 800, on considé-rait que l'Europe c'était surtout l'empire de Charlemagne. Au Moyen Age, on avait tendance à penser que les pays européens étaient les pays chrétiens. Aujourd'hui, ce genre de croyances continue à exis-ter. Après le seconde guerre mondiale, il y avait « Deux Europes » : celle de l'Est , sous régime communiste, et celle de l'Ouest. Aujour-d'hui, quand on parle de l'Union européenne, on dit souvent «l'Eu-rope des Quinze». C'est un peu comme s'il n'y avait que 15 pays dans toute l'Europe. Or, il y en a plus. On en compte 45. Avec les élargissements de l'Union européenne, peut-être l'ensemble géogra-phique de l'Europe correspondra-t-il un jour à son territoire politi-que.

L'EUROPE TERRE DE RICHESSE ET DE DIVERSITE

L'Europe est une terre de grande diversité. Diversité de langues, de cultures, de modes de vie. Cette diversité peut parfois amener des difficultés à se comprendre entre peuples voisins, mais elle fait aussi la richesse de cet espace original. On dit souvent que l'Europe est multiculturelle. Cela ne veut pas dire que les cultures européennes s'opposent, au contraire. En fait, il existe un héritage commun à tous les peuples d'Europe. Tous ont été influencés par la civilisation grecque, l'empire romain et la religion chrétienne. Bien sûr, ce n'est pas parce qu'il y a un héritage commun que tout se ressemble. Prenons par exemple les langues. Rien que dans l'Union européenne des 15, il y a 11 langues officielles et les hommes parviennent quand même à travailler ensemble. Dans l'Union élargit à 25 il y a 21 langues parlées.

Chaque pays a aussi son histoire et sa culture propre. Par exemple, on ne trouve pas la même architecture ou la même musique au Royaume-Uni, en Finlande ou en Italie. Chaque pays a eu ses grands musiciens, peintres, écrivains,... ce qui fait qu'il existe bien des cultures nationales. Mais, depuis longtemps, l'Europe est aussi un lieu de rencontre. Des peintres du Nord partaient étudier en Italie, des écrivains allaient travailler dans d'autres villes, des musiciens composaient pour des rois étrangers, des familles ou des populations entières émigraient d'un pays vers un autre. L'Europe est donc devenue un espace d'échanges où les gens partageaient des idées et des expériences. Cela a créé une sorte d'identité culturelle européenne qui fait qu'aujourd'hui un grand musicien comme Mozart est plus souvent considéré dans le monde comme Européen que comme Autrichien. Mais cela ne se limite pas aux arts. Les Européens partagent également certaines valeurs, certains principes. C'est ainsi que l'on trouve presque partout en Europe un même respect pour les Droits de l'Homme et une même croyance en la démocratie. L'Europe, au-delà de sa diversité, représente bel et bien une civilisation commune.

Une nouvelle Europe - un continent neuf est en train d'émerger, annulant les anciennes frontières de la bipolarité Est - Ouest. L'Union européenne compte depuis le samedi 1er mai 2004, 450 millions de citoyens, répartis en 25 Etats et 188 régions.

En effet quinze ans après la chute du mur de Berlin, l'Union européenne a accueilli, le 1er mai 2004 dix nouveaux membres : quatre d'Europe centrale (Pologne, Hongrie, République tchèque, Slovaquie), trois ex-Républiques soviétiques (Estonie, Lettonie, Lituanie), une ancienne République yougoslave (Slovénie) et deux îles méditerranéennes (Chypre et Malte). Deux autres pays, Roumanie et Bulgarie, pourraient adhérer dès 2007. La Croatie et d'autres sonnent à la porte. Si le chemin a été si long, si les questions à régler restent nombreuses, (fonctionnement des institutions, budget, agriculture, immigration, etc.), c'est que l'élargissement de l'Union de quinze à vingt-cinq membres a placé les Européens devant un quadruple défi : économique, institutionnel, politique, culturel.

Les 10 nouveaux pays qui ont intégré l'Europe depuis le 1er mai ne représentent que 5.5% du PIB des quinze, pour 75 millions d'habitants. Cependant, les disparités entre eux sont très fortes. Au-delà du débat sur l'opportunité de cette adhésion de 10 pays relativement pauvres se posent une somme de questions nouvelles : comment va réagir l'économie européenne à cet élargissement, comment vont s'intégrer les nouveaux pays, tant économiquement que politiquement, et comment va évoluer l'ensemble européen, avec 25, et bientôt 27 Etats en son sein ? L'Union européenne est toujours orpheline de constitution au moment de cet élargissement S'il représente une "opportunité historique", il pose néanmoins de nombreuses questions à une Europe dont les lacunes, sociales, et surtout institutionnelles, sont à cette occasion mises au jour.

LES NOUVEAUX ENTRANTS[*]

LES PAYS BALTES

Ex républiques satellites de l'URSS, dont l'indépendance intervient tardivement, les pays Baltes sont à la frontière de deux sphères d'influence. L'adaptation, double, à la démocratie et au capitalisme, a demandé des efforts drastiques aux populations, menées tambour battant par des dirigeants conscients de l'importance d'une intégration rapide à l'Union européenne, avec l'appui de populations généralement euro- enthousiastes. La question endémique reste celle de la corruption héritée de l'"économie grise" de l'ère soviétique, qui reste encore très vivace. La présence, également, de minorités russophones, souvent peu représentées, pose la question de leur intégration future.

Estonie (capitale Tallin) : Ce petit pays (1,3 million d'habitants) connaît une forte croissance (6% en 2002), malgré un taux de chômage moyen (9%), notamment grâce à ses liens économiques avec l'UE, son principal partenaire commercial. La question des minorités russes se pose tout particulièrement en Estonie, où 29% de la population est russe et 13, 5% "apatride" (ayant perdu leur citoyenneté russe sans gagner l'Estonienne), mais en voie d'intégration. La corruption y est moins forte que dans les autres pays baltes. Cette forte croissance a provoqué des tensions inflationnistes, que la jeune

[*] www.europa.eu.int

République s'efforce de maîtriser. Une coalition de centre-gauche, dirigée par Juhan Parts, est au pouvoir depuis des élections récentes, tandis que le président, Arnold Ruutel, a été réélu en 2001.

Lettonie (capitale Riga) : Avec 2,4 millions d'habitants, dont 34 % parlent Russe, la Lettonie est en tête de la croissance économique des pays baltes (7,5% en 2002), et même de l'UE en termes de prévisions, notamment grâce à ses exportations de bois. Le niveau de vie reste cependant bas, avec un salaire moyen inférieur à 500 €/mois. Le chômage touche 9% de la population active dans cette ex-république satellite, qui, depuis son indépendance en 1994, reste très liée à la Russie, son premier partenaire commercial. L'exécutif est, cas unique en Europe, aux mains d'un écologiste, Indulis Emsis, tandis que la présidence est occupée par une femme, Vaira Vike-Freiberga.

Lituanie (capitale Vilnius) : La plus peuplée des trois républiques baltes, avec 3,7 millions d'habitants, est également celle qui présente la moins forte croissance : 5% en 2002, et le plus fort taux de chômage : 13%. Les minorités sont moins présentes en Lituanie, pays qui a longtemps et douloureusement lutté pour son indépendance. La séparation d'avec l'ex-URSS se fit ici dans le sang, durant trois années d'affrontements. Le pays commence seulement à se redresser économiquement, sous l'égide d'un Président social-libéral, Arturas Paulaskas, et, depuis 2003, d'une coalition de gauche, menée par Rolandas Paskas, premier ministre. La Lituanie conserve des liens commerciaux privilégiés avec la Russie. Le travail de réformes nécessaires à l'intégration européenne est encore en cours, notamment au niveau juridictionnel.

LES PAYS D'EUROPE CENTRALE ET DES BALKANS

Les cinq pays d'Europe centrale intégrant l'Europe sont ceux qui posent le plus question concernant le problème de la corruption. Ce sont également les plus peuplés, donc ceux qui pèseront le plus sur les institutions européennes. Ensuite, ce sont également ces pays, durement éprouvés par l'occupation soviétique, qui marquent le plus d'enthousiasme atlantiste, alors que leur intégration dans l'OTAN devrait être effective dans le mois qui vient. On se souvient à ce sujet de l'agacement de Jacques Chirac, à l'époque de la crise Irakienne, devant le soutien accordé, notamment par la Pologne, à l'intervention américaine.

Pologne (capitale Varsovie) : Avec 38,2 millions d'habitants, la Pologne disposera de 27 voix au Conseil Européen et de 54 eurodéputés, soit autant que l'Espagne. La population polonaise, peut-être la plus fervente d'Europe, fait de ce pays, selon les termes des rapporteurs de l'Assemblée Nationale, la "clé" de l'élargissement : elle représente à elle seule près de la moitié des 75 millions de nouveaux européens. Le PIB par habitant n'est cependant que le quart de la moyenne de l'UE à 15. L'effort fourni par la Pologne est cependant méritoire, avec notamment un taux de croissance moyen de 5,5% de 1995 à 2000, et un déficit budgétaire qui, pour être proche des 5%, est en réduction constante (la Pologne voulant au plus vite intégrer la zone Euro). Le pays reste cependant deux fois plus pauvre que ne l'était l'Espagne au moment de son intégration à l'Europe, en 1986, avec un taux de chômage supérieur à 20%. La Commission s'inquiète en outre de l'état de délabrement de l'administration polonaise, ainsi que de domaines tels la sécurité alimentaire, la traçabilité agricole ou le judiciaire. Au-delà, deux grandes questions se posent : en premier lieu, la compétitivité de l'agriculture polonaise, en pleine mutation, mais qui reste faible tant du point de vue des rendements que de sa modernisation. Or, l'agriculture polonaise est sans conteste un potentiel point fort pour le pays, mais également un facteur de crainte pour les syndicats agricoles des Quinze, et en premier lieu ceux de la France. La Pologne est en effet très militante concernant la réforme de la PAC, qui a été gelée en état par la France et l'Allemagne jusqu'en 2013, ce qui annonce de futurs conflits. Le second point de friction, du point de vue français du moins, est le manque de "conviction européenne" de la Pologne. Ses responsables, le président Alexander Kwasniewski, social-démocrate, et le premier ministre, Marek Belka, nouvellement élu à la tête d'une coalition de centre-gauche, veulent maximiser leur influence dans l'UE tout en maintenant des positions pro-atlantistes qui irritent Paris au plus haut point. 2.500 soldats polonais sont actuellement présents en Irak, bien que le gouvernement envisage leur retrait depuis la fin avril. Reste enfin le problème de la corruption, endémique malgré les efforts apparents du gouvernement.

République Tchèque (capitale Prague) : L'un des "entrants" les plus enthousiastes, et en tous cas les plus stables. La situation politique y est cependant ambiguë, le président, Vaclav Klaus, et le premier ministre, Vladimir Spilda, social-démocrate, dirigeant une coalition de centre issue de l'alliance entre les sociaux-démocrates et les démocrates-chrétiens, qui ne dispose que de 100 sièges sur les 200 que compte la chambre. Le PIB par habitant des 10,2 millions de tchèques est élevé, atteignant 70% de la moyenne communautaire, et l'économie relativement florissante, avec un taux de croissance de 3% par an en moyenne depuis 2000 et un taux de chômage de 9,5%. L'importance des investissements étrangers y contribue pour beaucoup, les infrastructures et le bon niveau de formation de la population active, associés au faible coût de la main d'oeuvre, rendant le pays très attractif (par exemple pour l'industrie cinématographique). Seul bémol, aux yeux de la Commission, un déficit budgétaire élevé, de l'ordre de 9%. Cependant, l'acquis communautaire (l'intégration des normes juridiques et économiques de l'UE) est très avancé, et fait de la République Tchèque un pays à la "pointe" de l'élargissement. Points noirs : la modernisation de l'administration, notamment en matière de décentralisation, le manque de moyens de la justice, la corruption, et enfin la sécurité sanitaire et alimentaire et l'environnement.

Slovaquie (capitale Bratislava) : "Parent pauvre" de la partition de l'ex-Tchécoslovaquie, la Slovaquie a longtemps affiché vis-à-vis de l'intégration européenne une certaine tiédeur, avant de s'enthousiasmer plus fortement au cours des années 2000 (le "oui" à l'adhésion a conquis 92, 46% des suffrages au référendum de l'année dernière), du fait du changement politique intervenu entre temps. Peuplée de 5,4 millions de personnes, la Slovaquie est aujourd'hui dirigée par Mikulas Dzurinda, premier ministre de Centre-Droit, dans son second mandat, et présidée par Ivan Gasparovic. Les deux hommes ont lancé le pays dans une série de réformes d'inspiration très libérale, afin de satisfaire au plus vite les critères d'adhésion. L'enthousiasme slovaque en est venu à inquiéter les autorités de l'UE, qui craignaient que les attentes populaires en la matière soient décues, du fait de la globale méconnaissance des institutions européennes, de leur fonctionnement et de leurs limites. L'une des grandes questions posées à la Slovaquie est celle de la réduction des disparités régionales, qui sont parfois énormes. Ainsi, si le PIB par habitant est quasiment équivalent à celui de l'UE dans la région de Bratislava, il n'atteint que 29% de ce dernier à Presov, à l'est, et 45% en moyenne sur l'ensemble du territoire. Ces disparités régionales entraînent un déséquilibre nettement favorable à l'ouest du pays, aggravé encore par le fort centralisme prévalant malgré les réformes récentes. Comme dans la majorité des états "entrants", l'administration demanderait d'importantes réformes, notamment pour pouvoir gérer correctement les fonds européens. Ces derniers ont été articulés autour de 4 priorités : emploi (le chômage touche 16,5% de la population, le salaire moyen est de 285 €/mois), agriculture (une modernisation est nécessaire), industrie et services (amélioration des infrastructures). Comme dans la majorité des pays entrants, la crainte principale est celle de la capacité administrative à gérer les fonds européens et à les articuler autour de projets porteurs, ainsi que la question de la corruption.

Hongrie (capitale Budapest): Peuplée de plus de 10 millions d'habitants, la Hongrie est également majoritairement "euro-enthousiaste". Le rapport parlementaire la qualifie comme l'un des pays les mieux préparé et les plus déterminés à entrer dans l'union. Elle a mené depuis dix ans nombre de réformes en ce sens : décentralisation (création de sept régions), indépendance de la justice, droits de l'homme, lutte contre la corruption... Le pays est dirigé depuis 2002 par la gauche du premier ministre Peter Medgyessy, qui a impulsé des politiques d'orientation plutôt libérales (80% de l'économie est désormais privatisée), et Ferenc Madl, le président, de centre-droit, élu en 2000. Avec 5,5% de croissance en moyenne depuis 1998, grâce à un dynamisme économique fondé principalement sur les services, le PIB se situe désormais autour de 50% de la moyenne communautaire. Le taux de chômage y est relativement bas, autour de 6 %. L'UE est déjà le premier client et le premier fournisseur de la Hongrie, dont le boom économique est cependant fragile, du fait que 80% des grandes entreprises soient aux mains de capitaux étrangers. L'intégration des acquis communautaires est quasiment terminée, malgré un déficit budgétaire encore trop élevé pour permettre à la Hongrie de satisfaire aux critères nécessaires à l'entrée dans la zone euro. Reste le problème de l'intégration des minorités roms, encore souvent victimes d'une discrimination endémique, et celui, à l'instar de la Slovaquie, des frontières, puisque la Hongrie se trouve également au "bout" de l'Europe.

Slovénie (capitale Lubiljana) : Petit pays, peuplé seulement d'1,5 million d'habitants, la Slovénie, issue de l'éclatement de l'ex-Yougoslavie et indépendante depuis 1991, est le "bon élève" des nouveaux entrants, du fait de son niveau de vie élevé (le PIB par habitant représente 69% de celui de l'UE) et d'une stabilité politique très forte : Janek Drnosek, premier ministre de puis 1992, puis élu président, est à la tête d'une coalition d'union nationale. Son gouvernement, dirigé par Anton Rop, a ainsi pu mener dans le consensus les réformes nécessaires à l'adhésion. La Slovénie possède une économie extrêmement ouverte, notamment sur l'UE, son premier client. La croissance se situe aux alentours de 3% depuis 1998, le déficit budgétaire est seulement de 2,1% du PIB. Ces facteurs font que la Slovénie sera, en proportion, le pays qui "coûtera" le moins à l'Europe, avec un taux de retour (contribution rapportée aux aides européennes) de 131 %, contre 318% pour l'Estonie par exemple. Les réserves émises par les députés français sont : une insuffisante privatisation du système bancaire, et quelques efforts supplémentaires à fournir au point de vue de l'harmonisation des lois et règements. Comme dans les cas de la Hongrie et de la Slovaquie, la question des frontières reste posée, avec en plus concernant la Slovénie la problématique de sa position, aux frontières d'une région balkanique encore mal remise des soubresauts de la guerre, et du rôle qu'elle est prête à jouer dans la stabilisation de cette zone. De même, la Slovénie compte beaucoup sur l'OTAN, qu'elle devrait intégrer dans le mois, et la crise Irakienne a mis en lumière la déchirure existant entre ses loyautés, européenne et atlantiste.

LES DEUX ILES MEDITERRANEENS

Malte (capitale La Valette) : Ex-colonie britannique, devenue indépendante en 1964, la petite île de Malte, avec ses 400.000 habitants, a connu à l'occasion des débats préalables à son adhésion, de vives polémiques, assez semblables d'ailleurs à celle qui prévalent dans son ex-métropole. La situation insulaire, associée à la bipolarité de la vie politique de l'île, ont conduit à faire de cette question un enjeu central de la politique intérieure, d'autant que les médias anglais, souvent eurosceptiques, voire hostiles, sont très représentés dans ce pays dont la seconde langue officielle est l'anglais. L'une des craintes des Maltais était par exemple de voir leur île envahie de touristes et de résidences secondaires. Le "oui" au référendum du 9 mars dernier ne l'a emporté que de très peu (53,6 %). Ceci étant, Malte présente toutes les caractéristiques en faveur de l'intégration, avec un PIB par habitant voisin de celui de la Grèce ou du Portugal. Les principales questions qui se posent à Malte concernent la sécurité maritime (Malte, pavillon "de complaisance", immatricule 1/5e de la flotte mondiale, et on se souvient de l'exemple de l'Erika) et la contribution au budget européen (le niveau de richesse de l'île la classait d'emblée parmi les contributeurs nets, au même titre que la France, l'Allemagne ou la Belgique, et on a du adopter une règle spéciale pour que l'île bénéficie de l'Europe comme les autres candidats). Le président maltais est Guido de Marco, et le premier ministre, membre du parti Nationaliste (conservateur) au pouvoir, Eddie Fenech Adami.

Chypre (capitale Nicosi) : L'île de Chypre représente une question pour l'instant sans réponse au sein de l'Union. L'île, déchirée entre ses communautés grecques (78%de la population environ 700.000 personnes) et turques (18%, environ 200.000 personnes) est en effet divisée depuis 1974 en deux parties, l'une indépendante, et l'autre sous administration turque plus ou moins autonome. Des années de tentatives de médiation par l'ONU ne se sont soldées que par une suite d'échecs, le dernier étant intervenu le 24 avril dernier, avec l'échec de la tentative de réunification de l'île, du fait du "non" majoritaire dans la partie grecque, alors même que les chypriotes turcs avaient voté massivement pour. Ce qui met l'UE devant un problème : l'intégration de la seule partie grecque de l'île, alors que la négociation portait sur l'intégralité du territoire, la RTCN n'étant reconnue que par Ankara, qui maintient en permanence 35.000 soldats sur l'île. Le problème est épineux, d'autant qu'il touche au coeur de la question de l'intégration de la Turquie. Président de la partie grecque : Tassos Papadopoulos, premier ministre : George Iacovou. Président de la partie turque (RTCN ou République Turque Chypre Nord) : Rauf Denktash.

Les problematiques de l'elargissement

Des pauvres au milieu des riches ? Si les partis socialistes européens s'emparent à propos de l'élargissement de la question sociale, c'est parce que cette question existe : Les entrants ont globalement des salaires moyens bien plus bas que les Quinze. Ce qui fait craindre des vagues de délocalisations accentuées encore par la fin des barrières douanières. A cela, on rétorque à Bruxelles que l'Espagne et le Portugal étaient dans le même cas lors de leur intégration. Faux, réplique d'autres spécialistes : les deux pays avaient adopté un certain nombre de garanties d'amélioration des conditions de travail, ce que n'ont pas fait les Dix, gagnés sur ce point au modèle libéral, et pensant bénéficier ainsi de plus d'implantations industrielles. Les économistes estiment d'ailleurs que l'arrivée des 10 nouveaux pays va faire gagner 1% de croissance parmi les Quinze et au moins 2% chez les Dix. A quel prix, du point de vue du chômage ? Il est difficile de le prévoir. Si les Dix sont un réservoir de main d'oeuvre qui peut faire concurrence aux travailleurs des Quinze, ils sont aussi un vivier de consommation en croissance rapide, offrant de nouveaux débouchés à leurs partenaires. Il est certain qu'à terme, on risque d'assister à une certaine spécialisation entre les régions européennes, qui devrait accélérer les mutations de secteurs comme l'industrie ou les services partout dans l'Union. Cette question met surtout en lumière l'absence d'un volet social de la construction européenne, que les Dix ont d'ailleurs souvent reprochés aux Quinze, au terme d'une décennie d'efforts de libéralisation de leurs économies qui se sont souvent faites au détriment du domaine social justement.

Cette magnification du libéralisme économique fortement revendiquée des élites politiques des Etats d'Europe centrale, fait grincer des dents parmi les socialistes européens.

La question de l'immigration : L'autre crainte majeure, est celle d'un afflux de migrants désormais libres de venir travailler à l'ouest. A cette question, la plupart des Etats des Quinze ont répondu en retardant l'ouverture des frontières aux ressortissants des nouveaux entrants. Par exemple, en France, les Hongrois ne bénéficieront des libertés accordées par Schengen (circulation, travail...) qu'en 2009. L'autre réponse de la part des institutions européennes, est celle d'un développement rapide des économies des nouveaux entrants, donc d'une diminution du chômage, qui les dispensera d'émigrer vers l'ouest. Là aussi, il est difficile de faire de la prospective.

La corruption et les Maffias : Cette question est plus épineuse encore. La corruption est endémique dans les pays d'Europe de l'Est, et on voit mal comment l'entrée dans l'UE pourrait la stopper. D'autant moins que ce volet est minimisé par la Commission, laquelle sait qu'il faudra encore des années d'effort avant qu'elle puisse être traitée. Les ex-pays satellites de l'URSS ont vu au fil des années se développer une "culture de la corruption", alimentée par les pénuries et les mauvais salaires des fonctionnaires. Il paraît certain que celle-ci va toucher l'ensemble de l'Europe, ne serait-ce qu'au niveau de domaines comme la sécurité alimentaire et sanitaire. Les ONG traitant de ce domaine sont d'ailleurs unanimes à le reconnaître. Le commissaire européen chargé de l'élargissement, Günter Verheugen, observe toutefois que les Quinze ne sont pas irréprochables. Ce que risque d'apporter de nouveau l'élargissement, c'est ce que Miklos Marschall, directeur régional de Transparency International, nomme la "grande corruption". Celle-ci touche directement à l'Etat, que se soit au niveau de l'administration publique ou à celui de l'élaboration des lois et des règlements. Cependant, comme il le remarque lui-même, les Quinze n'ont pas de leçon à recevoir dans ce domaine. Et le lobbying est en soi une force plus ou moins occulte de modification des lois et règlements qui a pignon sur rue au sein même de Bruxelles.

ATLANTISME CONTRE EUROPEISME

On se souvient de la phrase de Jacques Chirac, déclarant que les nouveaux entrants avaient "perdu une occasion de se taire" en prenant parti pour la guerre en Irak. On se souvient également de Donald Rumsfeld opposant "Vieille" et "Jeune" Europe. Depuis l'échec de la CED (Communauté Européenne de Défense) en 1957, la question de l'Europe-Puissance reste en suspens, malgré quelques avancées sporadiques. La guerre des Balkans avait montré l'incapacité européenne à décider ensemble d'une attitude commune, et qui plus est d'une intervention. La guerre en Irak a encore renforcé cette impression, ajoutant à la problématique une dimension plus pénible encore : comment l'Europe doit-elle se situer par rapport à une Amérique de plus en plus tentée par l'impérialisme militaire ? La question prend tout son sens à l'heure où les dix nouveaux pays européens vont intégrer l'OTAN. Ces pays ont été profondément blessés par l'admonestation de Chirac, et craignent désormais, aux côtés de l'Angleterre, un axe franco-allemand qui risque fort, en se renforçant, de créer un schisme au sein même de l'UE. De leur côté, la France et l'Allemagne accusent facilement les dix nouveaux pays de ne considérer l'Union que comme un "tiroir caisse". Argument fallacieux cependant pour nombre de spécialistes. Il faut considérer l'attirance des pays de l'Est pour les Etats-Unis à l'aune d'un demi siècle passé à l'ombre du Grand Frère Soviétique. Beaucoup prévoient à l'exemple de la Pologne, dont la loyauté atlantiste fléchit, un changement des mentalités qui se fera progressivement avec l'élargissement. Il faut également prendre en compte le fait qu'au-delà des dirigeants, les opinions des entrants sont plus favorables à un modèle européen garant d'un certain mieux-être social qu'à un libéralisme effréné sur le modèle américain. Encore une fois, seul le temps permettra de juger de quel côté penchera la balance dans cette compétition larvée entre une Europe qui, forte désormais de 450 millions d'habitants, se découvre des velléités de régulation mondiale, et une Amérique dont les théories interventionnistes semblent désormais s'écrouler sous le poids des réalités du terrain en Irak.

LE POINT DE VUE DE LA FRANCE ET DE L'ALLEMAGNE

La France et l'Allemagne, pays fondateurs de la Communauté européenne ont toujours soutenu l'adhésion des PECO dans l'Union européenne. La Communauté européenne, et ensuite l'Union européenne (UE), a assuré pendant plus de cinquante ans la paix et la stabilité de ses États membres. Le terme d'élargissement de l'UE"est presque mal employé. L'UE ne s'approprie pas les États candidats, mais ce sont les États candidats qui aspirent, avec l'aide des anciens États membres, à participer au modèle de réussite que représente l'UE et ses valeurs - la démocratie, l'État de droit, la protection des droits de l'homme et des minorités.

L'élargissement contribue à surmonter la division artificielle de l'Europe. Les pays d'Europe Centrale et Orientale qui ont toujours fait partie de l'Europe historique ont enfin la chance de participer au projet d'intégration européenne. Pour les citoyens des anciens États membres, l'espace dans lequel ils ont l'habitude de circuler, de créer et de vivre librement va être élargi à l'Ouest et au Sud.

L'Europe créée en 1957, c'est le Rhin qui cesse d'être une frontière et peut être la fin des guerres multiséculaires. L'Europe réunifiée c'est l'Oder qui cesse d'être une frontière et la Pologne qui peut espérer n'être plus jamais dépecée. Cette volonté de participer à la construction européenne est extraordinaire. Dès qu'un pays européen sort de la dictature, il demande à rejoindre l'Union. Les Grecs, débarrassés des militaires, les Portugais, sortis du salazarisme, les Espagnole du franquisme, ainsi que tous les pays de l'Europe de l'Est, libérés du joug soviétique ont frappé à la porte de l'Union . Il n'y a pas un seul précèdent dans l'histoire de l'humanité, pas une seule entité supranationale, pas un seul empire qui se soit créée ainsi, par la simple volonté d'une adhésion démocratique.

L'Allemagne depuis la chute du rideau de fer, ne cesse d'accroître sa présence économique, politique et culturelle dans les pays d'Europe centrale, en particulier dans les pays du groupe de Visegrad (PGV) : Pologne, République tchèque, Hongrie et Slovaquie.

Aujourd'hui, non seulement l'Allemagne constitue le premier partenaire commercial des pays d'Europe Centrale, souvent loin devant les autres Etats de l'Union, mais elle est également leur partenaire politique le plus important, considéré comme le plus fiable. La diplomatie allemande ne fait pas mystère de son intérêt stratégique pour ces pays, qui en retour l'ont considéré comme le meilleur avocat de leur intégration dans les structures européennes et atlantiques. En outre, grâce à une politique culturelle dynamique, les échanges scolaires et universitaires entre l'Allemagne et les pays d'Europe centrale sont nombreux. A la fois cause et conséquence de ces relations privilégiées, l'Allemand se situe parmi les langues étrangères les plus parlées et les plus enseignées dans les PECO avec une tendance à la hausse.

L'Allemagne consacre pratiquement un quart de son budget de soutien à la langue allemande en l'Europe Centrale et Orientale.

La France

Il appartient aux entreprises qui n'ont pas encore exporté ou investi les marchés des pays adhérents d'Europe Centrale et Orientale de ne pas laisser passer leurs chances sur cette zone. La France a ainsi considérablement renforcé sa présence au cours de ces dernières années mais la concurrence est particulièrement effrénée, y compris de la part des entreprises américaines ou asiatiques. En outre, le prochain élargissement de 2007 pose quelques autres défis importants. Le positionnement commercial des entreprises dans les PECO va préfigurer le « Marché intérieur de demain ».

Les efforts doivent être maintenus de la part des entreprises françaises.

Les délocalisations vers les PECO :

Cette région de l'Europe comprend la Pologne, la Hongrie, les Républiques tchèques et slovaque (groupe VISEGRAD), la Bulgarie et la Roumanie (pays balkaniques).

La présence industrielle française est principalement le fait des grandes entreprises implantées dans les secteurs de la construction mécanique et électrique, de la chimie et de l'agro-alimentaire en Hongrie, de l'automobile (Pologne, République Tchèque) et de l'électronique et de la télécommunication en (Pologne).

La réexportation vers l'Union européenne ne constitue pas le principal objectif de ces partenariats avec ces pays. C'est donc une implantation et une conquête de nouveaux marchés et pas uniquement une délocalisation.

De 1989 à 1999, les investissements français vers les PECO font apparaître une forte prédilection pour la Hongrie, la République Tchèque et la Pologne.

Le poids des pays d'Europe Centrale dans le commerce extérieur et les investissements de l'Union européenne va augmenter dans les années à venir, en raison de leur potentiel économique grandissant et d'une forte croissance.

En Pologne, les investissements étrangers se concentrent dans cinq secteurs : distribution (car le marché comporte 39 millions de consommateurs), production industrielle, services aux entreprises, constructions, transports.

La grande distribution française comme Auchan, Leclerc, Carrefour, Géant, y est présente. A quand La Samaritaine, le Printemps ou les Galeries Lafayette à Varsovie ?

3. L'élection européenne du 10 au 13 juin 2004

Les députés européens siègent aux Parlement européen à Strasbourg. Ils sont depuis 1979 élus au suffrage universel direct au niveau de chaque Etat. Les élections se déroulent tous les cinq ans.

Pour la mandature 1999 – 2004, la France avait 87 représentants au Parlement européen. Les 15 pays membres de l'UE jusqu'au premier mai 2004, envoyaient au Parlement européen 626 députés répartis entre les différents Etats membres de l'Union européenne.

Les fonctions du Parlement européen

Elles se repartissent en :

• Fonction de consultations

• Fonction de décisions

• Fonction de contrôles de la commission européenne et du conseil européen.

Le Parlement européen dispose de trois pouvoirs fondamentaux. D'abord, il contribue à l'élaboration de la législation européenne et à la gestion de l'UE aux côtés de la Commission européenne et du Conseil de l'UE.

Il examine les propositions de directives et de règlements européens qu'il accepte, modifie ou refuse. Le pouvoir législatif du Parlement s'exerce selon quatre procédures différentes: la consultation simple, la coopération, l'avis conforme, et la codécision. Cette dernière prévoit que si le Conseil n'a pas pris en compte la position du Parlement dans sa position commune, celui-ci peut empêcher l'adoption de la proposition. Le traité d'Amsterdam a étendu cette procédure à une quarantaine de domaines et l'a ramenée à deux lectures.

Il a également un pouvoir budgétaire : il peut ainsi modifier, dans certaines limites, la répartition et le montant des dépenses de fonctionnement des institutions européennes.

Enfin, il dispose d'un pouvoir de contrôle politique des institutions européennes. Il contrôle la Commission européenne qu'il peut renverser par une motion de censure.

60% du droit français aujourd'hui découle de décisions européennes. Une fois votées, ces décisions doivent être transposées dans le droit national de chaque Etat avec, d'ailleurs, une marge d'adaptation pour les modalités pratiques.

Comment travaille-t-il ?

Le Parlement européen se réunit en France, en Belgique et au Luxembourg. Il siège en session plénière une semaine par mois, à Strasbourg. Entre chaque session mensuelle, deux semaines sont consacrées aux commissions permanentes de travail spécialisées et une semaine aux réunions des groupes politiques, à Bruxelles. L'ordre du jour peut également inclure des "communications" du Conseil ou de la Commission ou des questions relatives aux événements qui se produisent dans l'Union européenne ou dans le reste du monde.

Comment s'organise le Parlement ?

Le Parlement européen est organisé en groupes politiques : les députés ne se regroupent pas par délégations nationales, mais par affinité politique en fonction des partis nationaux auxquels ils appartiennent. Provenant au total de plus d'une centaine de partis nationaux, ils se répartissent actuellement dans sept groupes politiques distincts, auxquels s'ajoutent 32 députés non inscrits. Avec 234 membres, le groupe du Parti populaire européen et des Démocrates chrétiens (PPE-DE) est le plus important. Viennent ensuite le Parti socialiste européen (PSE - 175 membres), et le groupe des libéraux, démocrates et réformateurs (ELDR - 52 membres).

Quel est le statut des euro-députés ?

Les députés européens reçoivent la même indemnité que les députés nationaux, complétée par une indemnité versée par le Parlement européen. Un projet de statut commun est en discussion, qui permettrait de corriger les disparités de traitement et d'assurer une transparence de ces derniers.

Le scrutin

Il s'effectue par listes à la représentation proportionnelle suivant la règle de la plus forte moyenne, en un seul tour, dans le cadre de huit circonscriptions régionales. Le nombre de sièges par circonscription est fixé par décret. Ces circonscriptions sont au nombre de sept pour la métropole, comprenant une ou plusieurs régions. La huitième regroupe les départements, collectivités et territoires d'Outre mer.

Les sièges sont répartis entre les listes ayant obtenu au moins 5 % des suffrages exprimés. Ils sont attribués selon l'ordre de présentation sur la liste.

Les citoyens français et les ressortissants d'un Etat membre de l'Union résidant en France et âgés d'au moins 18 ans ont le droit de vote aux élections européennes. Ce droit de vote concerne le territoire métropolitain ainsi que les collectivités et territoires d'Outremer, en application du principe constitutionnel d'indivisibilité de la République.

Les ressortissants d'un pays membre de l'Union européenne ont le droit de voter en France pour les élections européennes à la condition d'y avoir leur domicile réel ou d'y résider de façon continue et de ne pas être privé du droit de vote dans leur pays d'origine. Pour pouvoir voter, le ressortissant doit s'inscrire, avant le 31 décembre de l'année précédant la date du scrutin, à la mairie de son domicile.

Répartition des sièges

La France disposait pour le scrutin de juin 2004, et à titre transitoire de 78 sièges. La Déclaration n°20 relative à l'élargissement de l'Union européenne, annexée au Traité de Nice, prévoit en effet que la France disposera de 72 représentants au Parlement européen, dans une Europe élargie à 27 membres. Or le Conseil européen de Copenhague des 13 et 14 décembre 2002 s'étant prononcé pour un élargissement, dans un premier temps à dix nouveaux pays au lieu de douze le 1er mai 2004, le projet de traité d'adhésion prévoit que la France disposera finalement de 78 sièges de représentants au Parlement européen à partir du début de la législature 2004-2009 du Parlement européen.

Nombre d'élus au Parlement européen depuis 1999

Elections en France	1979	1984	1989	1994	1999
Nombre total de députés	81	81	81	87	87
Nombre de femmes	18	17	17	26	38
Pourcentage de femmes	22,2	20,9	20,9	29,9	43,6

Source : www.europa.eu.int

Le nombre de débutés a augmenté suite à la réunification de l'Allemagne le 3 octobre 1990.

Circonscription électorale pour 2004

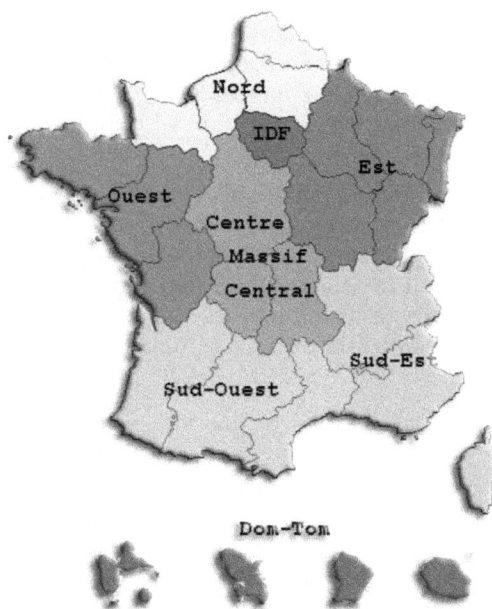

Jusque-là, les eurodéputés français étaient élus sur la base d'une seule et unique circonscription : le territoire national. En résumé, les électeurs devaient choisir entre plusieurs listes nationales. Mais depuis la loi du 11 avril 2003 sur la réforme du mode de scrutin, l'organisation des Européennes s'effectue dans le cadre de huit circonscriptions interrégionales, dont sept en Métropole (Ile-de-France, Sud-est, Nord-ouest, Ouest, Sud-ouest, Est et Massif Central Centre) et une seule pour l'Outre-Mer.

Répartition des 78 sièges dont disposera la France au Parlement européen

Circonscriptions électorales	Nombre de sièges à pourvoir	Régions administratives formant la circonscription électorale
1) Nord-	12	Basse-Normandie Haute-Normandie Nord Pas de Calais Picardie
2) Ouest	10	Bretagne Pays de la Loire Poitou-Charentes
3) Est	10	Alsace Bourgogne Champagne-Ardenne Franche-Comté Lorraine
4) Sud-ouest	10	Aquitaine Languedoc-Roussillon Midi-Pyrénées
5) Sud-est	13	Corse Provence-Alpes-Côte-d'Azur Rhône-Alpes
6) Massif central - Centre	6	Auvergne Centre Limousin
7) Ile-de-France	14	Ile-de-France
8) (Outre-mer)	3	Saint-Pierre et Miquelon, Guadeloupe, Martinique, Guyane, Réunion, Mayotte, Nouvelle-Calédonie, Polynésie française, Wallis-et-Futuna

RESULTAT

	Voix	Pourcentage en voix	Sièges	Pourcentage en sièges
PS	4 960 245	30,12	31	39,74
UMP	2 856 186	17,34	17	21,79
UDF	2 051 142	12,45	11	14,10
FN	1 684 868	10,23	7	8,97
MPF	1 304 843	7,92	3	3,85
Les verts	1 271 059	7,72	6	7,69
PCF	900 396	5,47	2	2,56
LO-LCR	429 224	2,61	0	0,00
RPF	257 534	1,56	0	0,00
PCR	109 881	0,67	1	1,28
MNR	51 506	0,31		
Autres	592 876	3,60		

Source: http://www.interieur.gouv.fr/rubriques/b/b3_elections

Principales listes :

- PCF   Parti communiste français
- Ung.   Union de la gauche outre- mer
- PS   Parti socialiste
- Verts
- UDF   Union pour la démocratie française
- UMP   Union pour un mouvement populaire
- MPF   Mouvement pour la France
- FN   Front national

Avec un taux d'abstention se situant à 57,46 %, la France se retrouve légèrement en deçà de la moyenne européenne de participation, estimée à un peu plus de 44 % pour ce scrutin 2004. En 1999, la désertion des urnes avait déjà atteint un niveau historique, puisque le phénomène concernait 53,24 % des inscrits. Les élections européennes ont été, depuis leur première tenue, en 1979, plus boudées par les électeurs que les scrutins nationaux. Les élections régionales de mars 2004 avaient, en effet, connu une hausse inattendue de la participation (37,88 % d'abstention seulement, un record pour ce type d'élections). A quelques mois de distance, les rangs des abstentionnistes auront donc grossi de près de 20 points. La possibilité défendue par les socialistes de sanctionner le gouvernement de Jean-

Pierre Raffarin n'a pas suffi à remobiliser les votants pour une élection sans conséquences nationales prévisibles, pas plus que la réforme du mode de scrutin et la création de vastes régions, censées rapprocher l'Europe du terrain.

Le chemin parcouru par la France est analogue à celui des autres pays de l'Union. La participation, qui s'était établie à 63 % en 1979, a décliné régulièrement jusqu'en 1994 (56,8 %), avant de décrocher brutalement en 1999, pour passer sous la barre des 50 %, à 49,8 %. Le record d'incivisme avait été décroché par les Britanniques lors de la dernière élection européenne en 1999, avec 24 % de participation. Ces derniers sont les plus eurosceptiques de l'Union. Avec cette situation, curieusement partagée par les nouveaux entrants, tout se passe comme si les peuples européens adhérents majoritairement à l'idée européenne mais se désintéressent de ses institutions. Faut il voir la raison de la complexité et de mode de scrutin incompréhensible ?

Législature 2004-2009

Répartition des 732 députés, des 25 pays membre de l'Union européenne. (626 députés dans l'UE des 15)

Le nombre des députés représentant chaque Etat membre varie en fonction du nombre d'habitants.

- Allemagne : 99 (99) députés
- Italie, France, Royaume-Uni : 78 (87) députés
- Espagne (64), Pologne : 54 députés
- Pays-Bas : 27 (31) députés
- Belgique (25), Grèce (25), Hongrie, Portugal, Rép. tchèque : 24
- Suède : 19 (22) députés
- Autriche : 18 (21) députés
- Danemark (16), Finlande (16), Slovaquie : 14 députés
- Irlande (15), Lituanie : 13 députés
- Lettonie : 9
- Slovénie : 7
- Chypre, Estonie, Luxembourg (6) : 6 députés
- Malte : 5 députés

Dans onze États membres (Allemagne, Autriche, Danemark, Espagne, Finlande, France, Grèce, Luxembourg, Pays-Bas, Portugal et Suède), l'ensemble du territoire national constitue une circonscription électorale unique. Dans quatre États membres (Belgique, Irlande, Italie, Royaume-Uni), le territoire national est divisé en plusieurs circonscriptions. En Allemagne, les partis ont la possibilité de présenter des listes de candidats, soit à l'échelon des Länder, soit à l'échelon national. En Finlande, soit au niveau de la zone électorale, soit au niveau national.

Pour les premières élections européennes du 21ème siècle environ 330 millions d'électeurs européens dans les 25 pays de l'Union ont été appelés aux urnes pour élire entre le 10 et le 13 juin 2004, les 732 députés qui composent le Parlement européen pour la législature de 2004 -2009

Sièges au Parlement européen 15.06.2004

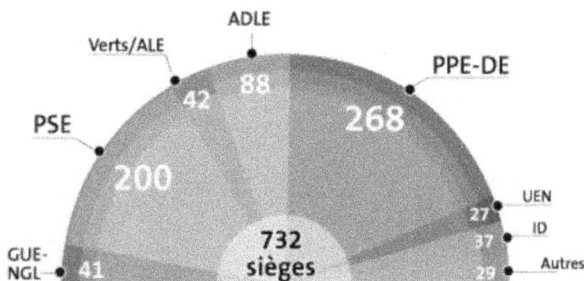

LE NOUVEAU PARLEMENT EUROPÉEN

ADLE · Verts/ALE · PPE-DE · PSE · 42 · 88 · 268 · 200 · UEN 27 · ID 37 · GUE-NGL · 41 · 732 sièges · 29 · Autres

GUE/NGL : Groupe confédéral de la Gauche unitaire européenne/Gauche verte nordique. **PSE** : groupe parlementaire du Parti socialiste européen. groupe des Verts/Alliance libre européenne. **ALDE** : Alliance des démocrates et libéraux pour l'Europe. **PPE-DE** : groupe du Parti populaire européen (démocrates-chrétiens) et Démocrates européens. **UEN** : Union pour l'Europe des nations. **ID** : Indépendance et démocratie. **Autres** : Non-incrits.

Source : Union européenne

Groupes politiques au Parlement Européen

- Parti Populaire Européen / Démocrates européens   PPE / DE
- Parti européen des libéraux démocrates et réformateurs   ELDR
  libéraux
- Union pour l'Europe des nations (souverainistes)   UEN
- Europe des Démocraties et des Diversités (eurosceptiques)   EDD
- Parti Socialiste Européen, socialiste, sociaux - démocrates   PSE
- -Gauche Unitaire Européenne / Gauche Verte Nordique, --Communistes, divers gauche   GUE / GLN
- -Verts   Verts
- Autres Non-inscrits, non- apparentés   Autres

Source : www.europa.eu.int

Josep Borrell élu président du Parlement européen le 20 juillet 2004

Le socialiste espagnol a bénéficié des voix de droite contre le candidat Polonais Bronislaw Geremek.

Bien que la droite européenne soit arrivée en tête aux élections du 13 juin, c'est un socialiste espagnol qui s'est emparé de la présidence du Parlement le mardi 20 juillet. Josep Borrell, ancien ministre de Felipe Gonzalez, a été élu président du Parlement européen, dès le premier tour de scrutin. Sur 732 députés, 700 ont participé au vote. M. Borrell a obtenu 388 voix sur 647 exprimées, contre 208 au libéral polonais Bronislaw Geremek et 51 au communiste Francis Wurtz. Il succède au libéral irlandais Pat Cox.

Cette élection a été fort controversée, M. Borrell devant son fauteuil à un accord d'appareils. Le groupe du Parti populaire européen (PPE, droite et conservateurs), et celui du Parti socialiste européen (PSE) ont décidé de se partager le pouvoir alors que leurs représentants se sont combattus pendant la campagne électorale. Le PPE (268 voix) a appelé à soutenir M. Borrell pour une moitié de législature, en échange de quoi le groupe du PSE (200 voix) s'est engagé à faire élire le candidat de la droite, l'Allemand Hans-Gert Pöttering, en 2007.

DES DIRIGEANTS DESAVOUES PAR LE PEUPLE ?

Presque partout en Europe, les gouvernements ont été sanctionnés par les électeurs. Quant au projet européen, il ne semble susciter que rejet et abstention.

Pour l'ensemble de l'UE, le taux de participation se situe à 44,6 %. Il est de 47,7 % chez les quinze anciens membres de l'UE et de 28 % dans les dix nouveaux pays entrés le 1er mai. Les acteurs politiques de la construction européenne doivent faire le constat amer que la distance entre l'Europe de Bruxelles et les citoyens ne diminue pas. C'est au contraire un fossé de plus en plus profond, et qui semble impossible à combler. La Constitution européenne n'y changera rien. Pour les députés du Parlement de Strasbourg, cela veut dire que leur travail n'intéresse pas les gens, même s'ils ont de plus en plus leur mot à dire. Le Parlement européen reste majoritairement à droite, mais au vu de la faible participation et du vote sanction généralisé, aucun des partis paneuropéens ne peut exulter.

*Voici une analyse pour l'Allemagne et pour les huit nouveaux pays membres de l'UE de l'Europe de l'Est. L'abstention a atteint un niveau record dans Les PECO, frôlant les 80% pour la Pologne, le plus grand pays des nouveaux entrants. Les deux petites îles méditerranéennes, Chypre avec 28,81% et Malte avec 18% ont connu les taux d'abstention les plus faibles. Est ce à croire que les pays de l'Europe de l'Est se désintéressent de l'Union européenne après l'euphorie du 1 mai2004, date de leur adhésion ? Sont ils tous eurosceptiques, souverainistes ou nationalistes protectionnistes ?

ALLEMAGNE 99 SIEGES

- Inscrits (I) Taux d'abstention (T) Exprimés (E)
- I : 61 650 330 T : 56,97 % E : 26 525 514
- Membre fondateur depuis 1957
- 82,6 millions habitants
- Le vote du 13 juin 2004

Représentation proportionnelle avec listes bloquées.

---

* Le Monde, cahier résultats, 15 juin 2004

Les partis présentaient soit une liste au niveau fédéral (SPD, Verts, PDS, FDP), soit au niveau des Länder (CDU et CSU). Les listes recueillant moins de 5 % des suffrages exprimés ne participaient pas à la répartition.

Les électeurs allemands ne se sont pas pressés aux urnes : 43 % seulement ont voté, une participation inférieure de plus de 2 points par rapport à 1999. La défaite annoncée des sociaux-démocrates (SPD) au pouvoir, a été plus sévère que prévue. Avec un peu plus de 23 % des suffrages, le SPD a perdu quelque 9 points par rapport à 1999. Dans la précédente Assemblée, le SPD détenait 33 sièges sur 99, dans la nouvelle, le SPD n'en a obtenu plus que 23, loin derrière les 49 sièges des chrétiens-démocrates de la CDU-CSU.

Avec près de 12 % des suffrages et 13 sièges, les Verts, alliés du chancelier Schröder au gouvernement, s'en sont sortis nettement mieux, doublant presque et leurs voix et leurs sièges. Les électeurs allemands ont sanctionné sévèrement le SPD et à sa politique de réformes sociales.

CDU-CSU (chrétien-démocrate)......................... 9 412 009 36,50 % 49 sièges

SPD (social-démocrate)......................... 5 549 243 21,50 % 23 sièges

Grünen (écologiste) .... 3 078 276 11,90 % 13 sièges

PDS (ex-communiste)......................... 1 579 693 6,10 % 7 sièges

FDP . Freie Demokratische Partei (libéral) .... 1 565 000 6,10 % 7 sièges

Pour rappel : Européennes 1999 SPD 30,7 % 33 sièges, CDU 39,3 % 43 sièges, Grünen 6,4 % 7 sièges, CSU 9,4 % 10 sièges, FDP 3,0 %, PDS 5,8 %, 6 sièges, Autres 5,4 %.

ESTONIE 6 SIEGES

- Membre depuis le 1er mai 2004
- I : 872 019 A : 73,30 % E : 234 486.
- 1,4 million habitants
- Vote le 13 juin

Représentation proportionnelle à l'échelon national avec listes bloquées. L'électeur vote pour une liste. La coalition de centre-droite qui dirige l'Estonie a essuyé un camouflet, laissant échapper 5 des 6 sièges attribués au plus petit des trois pays baltes au sein du Parlement européen. Le gouvernement du conservateur Juhan Parts a sans doute pâti du très faible taux de participation, l'un des moins bons d.'Europe : 26,7 %. Un score étonnant pour une première participation à un tel scrutin. La surprise du scrutin vient du score du petit Parti social-démocrate, qui, avec 36,8 % des voix, a remporté la moitié des sièges, alors qu'il ne dispose que de 6 députés sur 101 au Parlement de Tallinn. Emmené par l'ex-ministre des affaires étrangères, Toomas Hendrik Ilves, ancien journaliste de Radio Free Europe, il se veut pro-européen.

Principale formation d'opposition, le Parti centriste (K), qui est plus eurosceptique, remporte un siège, de même que l'Union Pro Patria (IL, droite conservatrice). La seule des trois formations de la coalition à obtenir un siège est le Parti de la réforme (ER, libéral), de l'ancien premier ministre Siim Kallas.

SDE (social-démocrate) .... 36,80 % 3 sièges

K (centre-gauche eurosceptique) .... 17,50 % 1 siège

ER (libéral) .... 12,20 % 1 siège

IL (droite) .... 10,50 % 1 siège

HONGRIE 24 SIEGES

- I : 8 025 230 A : 61,53 % E : 3 066 893.
- Membre depuis le 1er mai 2004
- 10,1 millions habitants
- Vote le 13 juin

Représentation proportionnelle à l'échelon national avec listes bloquées. L'électeur vote pour une liste sans indiquer de préférence pour les candidats ni changer leur ordre. Les listes recueillant moins de 5 % des suffrages exprimés ne participent pas à la répartition.

La droite nationaliste de l'ancien premier ministre Viktor Orban prend sa revanche sur les sociaux-démocrates du premier ministre Peter Medgyessy dans un scrutin marqué, comme dans de nombreux pays, par une abstention record . Elle atteint ici 61,52 %. Le parti Fidesz de M. Orban obtient 47,4 % des suffrages et 12 des 24 sièges hongrois au Parlement européen, faisant mieux que les deux partis de la coalition ensemble : les sociaux-démocrates du MSZP auront 9 sièges avec 34,3 % des voix, et leurs alliés centristes du SZDSZ, 2 sièges avec 7,7 %. Le dernier siège va au Forum démocrate (MDF), une formation d'opposition centriste.

La campagne avait essentiellement porté sur la politique économique du gouvernement. Ses adversaires avaient lancé une pétition sommant le gouvernement de mettre fin à la hausse des prix, d'arrêter les privatisations et de remettre l'économie dans le bon sens. Les Roms (tziganes) auront une représentante au Parlement européen. Ancienne présentatrice de radio et anthropologue, Livia Jaroka a été elue sur la liste du parti Fidesz.

FIDESZ - MPP (droite nationale) .... 47,41 % 12 sièges

MSZP (socialiste ex-communiste) .... 34,31 % 9 sièges

SZDSZ (centre-gauche libéral) .... 7,72 % 2 sièges

MDF (centre-droit, chrétien-démocrate) .... 5,33 % 1 siège

LETTONIE 9 SIEGES

- I : 1 394 969 A : 58,80 % E : 574 674.
- Membre depuis le 1er mai 2004
- 2,3 millions habitants
- Vote le 12 juin

Représentation proportionnelle à l'échelon national.

Les extrêmes ont remporté le premier scrutin européen en Lettonie, où la question de la minorité russophone, la plus importante des trois Etats baltes (35 % de la population), a polarisé l'élection. D'un côté, les nationalistes de droite de la formation « Pour la patrie et la liberté » ont créé la surprise en raflant 4 des 8 sièges attribués à la République balte. De l'autre, le parti le plus actif dans la défense des intérêts de la minorité russophone a réussi à faire élire un de ses candidats.

Treize ans après la sortie de l'URSS, la question des minorités ethniques continue ainsi à donner le ton à la vie politique sous le regard satisfait de Moscou, qui n'hésite pas à se servir de cette carte dans ses rapports avec l'Union européenne. Les grands perdants du scrutin sont les trois membres de la coalition de centre- droite au pouvoir. Aucun d'entre eux n'est parvenu à remporter un siège.

Leur alliance est fragilisée, face à une opposition de droite revigorée. L'ex-premier ministre sortant Einars Repse (2 sièges), parie sur un changement d'alliance pour revenir avec les nationalistes aux affaires.

TB/LNNK (droite nationaliste) .... 29,80 % 4 sièges

JL (centre-droit) .... 19,70 % 2 sièges

PCTVL (gauche pro-minorité russe) .... 10,70 % 1 siège

TP (centre-droit) .... 6,60 % 1 siège

LC (centre) .... 6,50 % 1 siège

LITUANIE 13 SIEGES

- I : 2 631 282 A : 60,60 % E : 1 036 725
- Membre depuis le 1 mai 2004
- 3,5 millions habitants
- Vote le 13 juin

Représentation proportionnelle à l'échelon national avec vote préférentiel. L'électeur peut modifier l'ordre des candidats sur la liste qu'il a choisie. Le Parti travailliste (DP) a dominé les européennes pour sa première apparition électorale, avec un score de 37 %. Le Parti social-démocrate (LSDP) du chef du gouvernement de centre gauche, Algirdas Brazauskas, est arrivé en deuxième position (14,7 %), devant les conservateur emmenés par Vytautas Landsbergis, « le père de l'indépendance » de cette ex-république soviétique. Les européennes ont été occultées par le premier tour de la présidentielle, destiné à élire un successeur au populiste de droite Rolandas Paksas, destitué en avril pour ses liens présumés avec le crime organisé.

DP (gauche populiste) ....31,62 % 5 sièges

LSDP (social-démocrate) ....14,50 % 2 sièges

TS (droite conservatrice)...................................12,16 % 2 sièges

VNDPS (coalition paysans et gauche) ....7,82 % 1 siège

LCS (libéral) ....9,94 % 1 siège

LDP (centre-gauche)..6,78 % 1 siège

POLOGNE 54 SIEGES

- I : 29 813 000 A : 79,24 % E : 6 189 178
- Membre depuis le 1 mai 2004
- 38,6 millions habitants
- Vote le 13 juin

Représentation proportionnelle à l'échelon national avec listes blo-quées. L'électeur vote pour une liste sans indiquer de préférence pour les candidats ni changer leur ordre. Les sociaux-démocrates de l'Alliance des gauches démocratiques (SLD) ont enregistré une cui-sante défaite, dimanche 13 juin, 10,39 % des suffrages et 6 sièges. Ils paient le prix des scandales de corruption qui les éclaboussent de-puis des mois. Les grands gagnants de ce scrutin sont les libéraux de la Plate-forme civique (PO). Ils obtiennent 27 % des suffrages et 17 sièges sur les 54 de la Pologne au Parlement européen.

La vraie surprise tient au résultat de la Ligue des familles polonaises (LPR), une formation de droite ultracatholique et très eurosceptique. Avec 16 % des voix (10 sièges), la LPR pointe en deuxième position et devance les populistes de Samoobrona (13 %, 8 sièges). Suivent les conservateurs de Droit et Justice (PiS, 12 %, 7 sièges), le Parti paysan (PSL, 6 %, 3 sièges) et l'Union de la liberté (UW, 5 %, 3 siè-ges).

Plus de la moitié des représentants polonais à Strasbourg seront ainsi très réservés sur la construction européenne. L'autre élément marquant est le taux de participation extraordinairement bas, infé-rieur à 20 %, qui fait de la Pologne la championne de l'abstention parmi les Vingt-Cinq.

PO (droite modérée) ....25,21 % 15 sièges

LPR (droite catholique) ....15,74 % 9 sièges

PiS (droite nationale) ....11,82 % 7 sièges

SLD (social-démocrate) ....10,39 % 6 sièges

SO (populiste de droite) ....10,09 % 6 sièges

UW (centre-droit) ....8,00 % 5 sièges

PSL (parti paysan) ....5,53 % 3 sièges

SDPL (social-démocrate dissident) ....5,03 % 3 sièges

SLOVENIE 7 SIEGES

- I : 1 620 400 A : 71,66 % E : 433 423
- Membre depuis le 1er mai 2004
- 2 millions habitants
- Vote le 13 juin

Représentation proportionnelle à l'échelon national avec vote préférentiel. L'électeur peut modifier l'ordre des candidats sur la liste qu'il a choisie. Souvent présentée comme une élève modèle parmi les pays d'Europe centrale et de l'Est qui ont rejoint l'Union européenne le1er mai, la petite Slovénie, dont le produit intérieur brut est équivalent à celui de la Grèce ou du Portugal, n'a pourtant pas échappé à la règle. Contrairement aux prévisions, ses électeurs ne se sont pas non plus déplacés, et le taux d'abstention est l'un des plus élevés, avec 71,6 %. En mars 2003, l'abstention lors du référendum d'adhésion n'était que de 45 %. A ce compte, la coalition de centre-gauche qui gouverne le pays, le seul de l'ancienne Yougoslavie communiste à avoir intégré l'Union a été battue elle aussi. Ses deux formations, le Parti libéral démocrate et le Parti démocratique des retraités, n'ont obtenu que 21,9 % des voix et 2 des 7 sièges à pourvoir. Les deux partis d'opposition de centre droit, Nouvelle Slovénie et le Parti démocrate slovène, ont 2 sièges chacun, avec respectivement 23,4 % et 17,7 %. A gauche, les sociaux-démocrates du ZLSD emportent le dernier siège, avec 14,1 %.

Nsi (centre-droit) ....23,47 % 2 sièges

LDS (centre- gauche ....21,93 % 2 sièges

SDS (centre-droit) ....17,68 % 2 sièges

ZLSD (sociaux-démocrates ex-communistes) ....14,17 % 1 siège

REPUBLIQUE TCHEQUE 24 SIEGES

- I : 8 283 265 A : 71,68 % E : 2 345 933
- Membre depuis le 1er mai 2004
- 10,2 millions habitants
- Vote les 11 et 12 juin

Représentation proportionnelle à l'échelon national avec vote préférentiel. L'électeur peut modifier la place de deux candidats sur la liste qu'il a choisie. Les modifications ne sont prises en compte que si le candidat concerné a obtenu au moins 5 % des voix. Les listes recueillant moins de 5 % des suffrages exprimés ne participent pas à la répartition. Les électeurs tchèques n'ont pas failli à leur réputation d'eurosceptiques. Non seulement ils se sont massivement abstenus (72 %), mais ils ont aussi voté majoritairement pour des listes et des partis eurosceptiques. Le Parti social-démocrate (CSSD) du premier ministre Vladimir Spidla, qui a demandé un « vote de confiance » s'est totalement effondré avec moins de 9 % des voix, contre 30 % aux législatives de 2002. Il s'est retrouvé devancé, d'un point, par son partenaire chrétien-démocrate (KDU-CSL), qui dispose d'un électorat discipliné L'Union de la liberté, troisième formation de la coalition, n'a même pas franchi la barre des 5 %. Les grands vainqueurs du scrutin sont le Parti démocratique civique (ODS, droite nationaliste) du président Vaclav Klaus (30 %) et les communistes orthodoxes du KSCM (20 %). Le scrutin a fait aussi apparaître une opposition libérale proeuropéenne qui n'est pas au Parlement.

ODS (droite nationale) ....30,04 % 9 sièges

KSCM (communiste) ....20,27 % 6 sièges

SN/ED (centre droit) ....11,02 % 3 sièges

KDU (chrétien-démocrate) ....9,57 % 2 sièges

CSSD (social-démocrate) ....8,78 % 2 sièges

N (indépendant) ....8,18 % 2 sièges

SLOVAQUIE 14 SIEGES

- I : 4 210 463 A : 83,04 % E : 714 508.
- Membre depuis le 1er mai 2004
- 5,4 millions habitants
- Vote le 13 juin

Représentation proportionnelle à l'échelon national avec vote préférentiel. L'électeur peut modifier l'ordre des candidats sur la liste qu'il a choisie. Les listes recueillant moins de 5 % des suffrages exprimés ne participent pas à la répartition.

La participation extrêmement faible des Slovaques aux élections européennes (17 %), dans un pays qui accueille pourtant d'importants investissements européens, a joué en faveur des principaux partis de la coalition gouvernementale centre-droite. Le SDKU du premier ministre, Mikulas Dzurinda, proeuropéen, a remporté, contre toute attente, le scrutin, en devançant les deux partis populistes de l'ex-premier ministre national-populiste Vladimir Meciar (Parti populaire) et de Robert Fico (Direction). Le Mouvement chrétien-démocrate (KDH), qui peut compter sur des sympathisants fidèles, a doublé son score traditionnel (15,90 % contre 7, 8 % aux législatives) et obtient 3 sièges, et la Coalition hongroise, qui dispose d'un électorat stable (13 %), enverra deux députés au Parlement européen. L'abstention record de plus de 83 % a choqué les responsables politiques. L'absence de campagne de présentation et explication du Parlement européen et la désillusion envers la classe politique locale sont les deux causes principales de la désaffection slovaque.

SMER (social-démocrate)................................16,58 % 3 sièges

KDH (chrétien démocrate conservateur)..............15,90 % 3 sièges

LS - HZDS (populiste).....................................16,73 % 3 sièges

SDKU (chrétien-démocrate)............................6,78 % 3 sièges

SMK-MKP (coalition des partis hongrois)...........13,00 % 2 sièges

LE POINT DE VUE DE LA FRANCE ET DE L'ALLEMAGNE

Les citoyens des 25 pays membres ont boudé les élections européennes du 10 au 13 juin 2004. Dans les PECO, seulement 27% des électeurs se sont déplacées pour aller voter. Mais ils se sont souvent prononcés pour des candidats eurosceptiques, voir carrément hostiles à L'Europe. Les électeurs ont essentiellement sanctionné les gouvernements respectifs en place, aussi bien à l'Ouest qu'à l'Est. Les citoyens ne sont pas encore convaincus de l'utilité d'un vote pour les eurodéputés. Le rôle du Parlement européen reste obscur, loin des préoccupations quotidiennes. L'Union avec ses institutions compliquées, Parlement, Commission, Conseil etc.... apparaît encore plus confuse aux Européens de l'Est qu'à leurs concitoyens de l'Ouest. Les technocrates de Bruxelles font peur. La fin du communisme, la liberté retrouvée le démantèlement de l'Empire des Soviets sont trop récents pour que les citoyens des PECO acceptent facile-ment le transfert d'un peu de leur souveraineté vers Bruxelles, exi-gées par l'Union européenne. Moscou hier, Bruxelles aujourd'hui, l'enthousiasme proeuropéen est peut être seulement le fait d'une certaine élite intellectuelle et politique.

Néanmoins lors de la naissance de la communauté européenne dans les années cinquante, l'Allemagne et la France avait accepté ce trans-fert. Les ennemis héréditaires d'hier ont accompli cette démarche ensemble pour faire naître un grand projet européen. Le tandem franco-allemand est souvent le moteur de cette Union européenne qui se construit depuis 50ans. Peut-être faudrait- il nommer rapide-ment à une haute fonction dans l'Union européenne une personna-lité éminente et proeuropéenne issue des PECO comme un Polonais Bronislaw Geremek ou Lech Walesa, ou le Tchèque Vaclave Havel.

L'abstention record en France de 57,2% aux élections montre à l'évidence le peu d'intérêt des Français pour le Parlement européen. Ils reprochent également à l'Europe l'opacité de ses institutions. Mais la complexité et l'enchevêtrement des pouvoirs en France, de la commune, en passant par l'intercommunal, le cantonal, le dépar-temental, le régionale, les élections législatives et les présidentielle s'ajoutent à l'illisibilité des instituions européenne.

4. Le traité sur la constitution européenne

La présidence irlandaise de l'UE a montré qu'il était possible d'obtenir un résultat lors d'un conseil européen à 25. La précédente présidence italienne a échoué, là où les Irlandais ont réussi. C'est sous sa présidence que les chefs d'Etat et de gouvernement de l'Union élargie à 25 pays ont adopté, le vendredi 18 juin 2004 à Bruxelles un traité constitutionnel qui édicte les principes fondamentaux et les règles de fonctionnement de leur communauté. La Constitution précise qui fait quoi en Europe. La répartition des compétences entre l'Union et les Etats membres est désormais clarifiée.

Les coopérations sont renforcées dans les domaines de la justice, de la sécurité et de la défense. Les vingt-cinq ne s'entendent pas encore sur une harmonisation dans le domaine social et le domaine fiscal.

Les Etats qui veulent progresser plus vite, à condition qu'ils représentent un tiers des pays membres ont des possibilités de coopération renforcée. Ils ne seront ainsi pas bloqués par ceux qui ne souhaitent pas s'y associer.

Selon Jacques Chirac « L'Union européenne, fédération d'Etats-nations, poursuivra sa marche en avant tout en respectant l'identité et l'originalité de chacun des pays qui la composent ».

Après les élections européennes du 13 juin 2004, marquées par un fort taux d'abstention et d'eurosceptiques, les 25 chefs d'Etat ne pouvaient prendre le risque de ne pas s'entendre sur cette nouvelle Constitution.

Mais un long chemin reste à parcourir. La future Constitution n'entrera en vigueur qu'après avoir été ratifiée par les vingt-cinq Etats membres, soit par les Parlements soit par référendum. La France organise un référendum courrant 2005.

Constitution : ce qui va changer

La Constitution (463 articles...) issue de la Convention présidée par Valéry Giscard d'Estaing pour le traité constitutionnel de l'Union européenne comporte plusieurs innovations d'importance.

La présidence du Conseil européen est donnée à un président pour 30 mois, élu par les dirigeants européens, au lieu d'une présidence à tour de rôle tous les six mois (art. 21 du traité) La présidence a pour tâche d'en animer les travaux, de faciliter en son sein la cohésion et le consensus, d'assurer la représentation extérieure de l'Union. Son importance dépendra de la personnalité de celui qui l'exercera et de la marge de liberté qui lui sera laissée par les chefs d'Etat et de gouvernement.

Le président de la Commission est élu à la majorité du Parlement européen, sur proposition du Conseil. Celui-ci devra proposer un candidat "en tenant compte des élections au Parlement européen" (art. 26).

La politique étrangère de l'Union est confiée à un ministre des Affaires étrangères permanent, nommé (et révocable) par le Conseil européen, à la majorité qualifiée (art. 27)

La création du poste de ministre des affaires étrangères, par fusion de ceux de haut représentant pour la PESC (politique étrangère et de sécurité commune) et de commissaire aux relations extérieures, a pour but de supprimer la concurrence entre les deux fonctions, qui est source de confusion, pour confier à une seule personne, dotée d'un service diplomatique relativement étoffé, la conduite de la politique extérieure. Dépendant à la fois du Conseil et de la Commission, dont il sera l'un des vice-présidents, ce ministre bénéficiera d'une "double casquette" susceptible de donner plus de poids à son action.

La Commission européenne (20 membres de l'UE des 15), serait réduite à 15 membres dont le président et son adjoint, le ministre des Affaires étrangères (art. 25) C'est aussi par souci d'efficacité que le nombre des commissaires est réduit, le système d'un commissaire par pays (25 après l'élargissement), fixé à Nice, étant jugé trop lourd.

Jusqu'à 2014, chaque État aura un commissaire. Ensuite, leur nombre sera limité à deux tiers des États membres.

Quant au Parlement européen, il disposerait de plus de pouvoirs en matières législative et budgétaire (art. 19). Le nombre de députés au Parlement européen sera plafonné à 750, les petits États n'ayant pas moins de six députés et les grands, pas plus de 96. L'Allemagne détient actuellement 99 sièges au Parlement européen.

Conseil des ministres, les mécanismes de prise de décision (art. 24). Dans l'UE des 15, les décisions sont prises soit à l'unanimité, soit à la majorité qualifiée ou simple. Il est proposé d'étendre le champ des décisions prises à la majorité qualifiée.

À l'avenir, le Conseil des ministres prendra ses décisions selon le principe de la double majorité : la majorité qualifiée est atteinte si 55 pour cent des pays représentant 65 pour cent de l'ensemble de la population de l'UE ont voté en faveur d'une proposition. Pour empêcher l'adoption d'une décision, il faut au moins quatre États (ce que l'on appelle la minorité de blocage).

Un supplément de démocratie participative

Si un million de citoyens de l'UE "issus d'un nombre significatif d'Etats membres" font la demande d'une loi européenne dans un domaine particulier, la Commission doit élaborer une proposition de texte (art. 46).

Les recours des citoyens

L'accès à la Cour de justice européenne est facilité: toute personne peut former un recours contre les actes qui la concernent "directement et individuellement" (art. III-270).

Des possibilités de coopération renforcées

S'il est évident qu'un objectif poursuivi ne peut être atteint par l'Union tout entière, des Etats, à condition qu'ils représentent un tiers des pays membres, pourraient décider d'y parvenir seuls à condition que cet objectif soit dans un domaine qui n'est pas de la compétence exclusive de l'UE, après une autorisation du Conseil des ministres (art. 43)

Les principaux sujets de friction

- le nombre limité (15) de commissaires puisque chaque pays ne peut en avoir un

- le calcul de la majorité qualifiée (50% des Etats, 60% des habitants)

- les domaines où les décisions seront prises à la majorité qualifiée

- la référence au Christianisme dans le préambule, voulue par certains Etats

- le budget de l'Union, ses modalités de contrôle et le pouvoir du Parlement européen en ce domaine.

LE NOUVEAU COMMISSAIRE POUR LA LEGISLATURE 2004 - 2009

Réunis mardi 29 juin à Bruxelles, les chefs d'Etat et de gouvernement de l'Union ont désigné à l'unanimité le premier ministre portugais, José Manuel Durao Barroso, pour succéder à Romano Prodi comme président de la Commission européenne le 1er novembre 2004

Le Parlement européen a procédé, jeudi 22 juillet, à l'investiture du futur président de la Commission, José Manuel Durao Barroso. L'ancien premier ministre portugais, qui a démissionné de son poste, a obtenu la majorité absolue des suffrages exprimés des euro-députés, appelés à se prononcer à bulletins secrets, pour succéder à Romano Prodi, le 1er novembre.

La Commission européenne désignée le 11 août 2004 comprend 25 membres. La collégialité en est la ligne directrice puisque les grands Etats ne disposent désormais que d'un commissaire au lieu de deux en raison de l'élargissement.

24 commissaires, dont 8 femmes[*]

Président : José Manuel Barroso, Portugal

Vice-présidents :

Margot Wallström, Suède, relations institutionnelles et stratégie de communication
Günter Verheugen, Allemagne, entreprise et industrie
Jacques Barrot, France, transports
Siim Kallas, Estonie, affaires administratives, audit et lutte contre la fraude
Franco Frattini, Italie, justice, liberté et sécurité
Membres :
Viviane Reding, Luxembourg, société de l'information et médias
Stavros Dimas, Grèce, environnement
Joaquin Almunia, Espagne, affaires économiques et monétaires
Danuta Hübner, Pologne, politique régionale
Joe Borg, Malte, pêche et affaires maritimes
Dalia Grybauskaite, Lituanie, programmation financière et budget

---

[*] http://www.lemonde.fr

Janez Potocnik, Slovénie, science et recherche
Jan Figel, Slovaquie, éducation, formation, culture et multilinguisme
Markos Kyprianou, Chypre, santé et protection des consommateurs
Olli Rehn, Finlande, élargissement
Louis Michel, Belgique, développement et aide humanitaire
Laszlo Kovacs, Hongrie, fiscalité et union douanière
Neelie Kroes-Smit, Pays-Bas, concurrence
Mariann Fischer Boel, Danemark, agriculture et développement
rural
Benita Ferrero-Waldner, Autriche, relations extérieures et politique
de voisinage
Charlie McCreevy, Irlande, marché intérieur et services
Vladimir Spidla, République tchèque, emploi, affaires sociales et
égalité des chances
Peter Mandelson, Royaume-Uni, commerce
Andris Piebalgs, Lettonie, énergie

LE POINT DE VUE DE L'ALLEMAGNE ET DE LA FRANCE

L'Allemagne a toujours insisté sur la nécessité de faire des progrès
en matière d'intégration européenne. « L'adoption de la Constitution
est un signal fort de la capacité d'unité de l'UE », a dit Gerhard
Schröder. Pour ce faire, il fallait être ouvert aux compromis. Le
chancelier s'est vivement félicité qu'il ait été possible d'introduire le
principe de la double majorité pour les votes au Conseil des ministres de l'UE.

« La Constitution jette les bases d'une Europe toujours plus unie », a
encore dit M. Schröder. La génération d'aujourd'hui a la chance in-
croyable de faire de cette "bonne vieille Europe" un lieu de paix et
de prospérité durables pour tous les Européens. Cela aurait été une
faute de laisser passer cette chance à cause d'une absence de compromis, a ajouté Gerhard Schröder.

Pour la France, Jaques Chirac s'est félicité des avancées incontesta-
bles dans ce texte, notamment sur le plan institutionnel. Mais il a
regretté néanmoins que dans la nouvelle constitution les domaines
clés (fiscal, social, défense, affaires étrangères, budget et le gros de la
coopération judiciaire) continuent de devoir requérir la majorité au
Conseil des Ministres.

La menace du veto continue donc de s'exercer. La constitution doit être ratifiée par les vingt-cinq de l'UE, soit par referendum soit par les parlements nationaux.

Une critique s'est faite entendre sur ce texte minimaliste et l'absence de référence dans la constitution d'une l'Europe sociale. Apres l'abstention record aux élections de juin 2004 et la percée des eurosceptiques lors de ces élections, la campagne en faveur du «non» risque donc d'être beaucoup plus dynamique que la campagne en faveur du «oui».

M. Raffarin, le Premier ministre interrogé sur la ratification de la Constitution, a expliqué que les deux voies, parlementaire ou référendum, étaient possibles et que le gouvernement n'avait pas peur du référendum. Jean-Pierre Raffarin a émis l'hypothèse que les Parlements français et allemands se réunissent le même jour pour ratifier le traité. "*Mais c'est une possibilité qui nous obligerait à passer par la voie parlementaire puisque la voie référendaire n'est pas possible en Allemagne*", a-t-il observé. C'est un modèle de coopération européenne.

Chaque Chirac a tranché en faveur du référendum.

CHAPITRE III

Introduction

J'ai terminé ce séminaire à l'Université de Jagellonne par la problématique des langues dans l'Union européenne. L'Europe à 25 ressemble à une tour de Babel linguistique.

La question se pose en effet : Quelle langue pour l'Europe ?
En tant que germaniste j'ai un intérêt particulier pour l'influence de la langue allemande dans les PECO, qui viennent intégrer l'Union européenne.

Tous ceux qui ont une responsabilité dans l'Union européenne sont unanimement contre l'évolution de l'Europe vers l'unilinguisme. Il faut veiller au respect de la diversité linguistique et culturelle de l'Europe, sans laquelle celle-ci perdrait elle-même son identité.

Le choix de l'anglais comme langue dominatrice est également rejeté. Même si de fait l'anglais est la langue véhiculaire dans l'Europe voir dans le Monde. L'espéranto n'a jamais pu dépasser le cadre d'une langue de curiosité. Elle est une langue construite et proposée par un médecin polonais en 1887 pour faciliter la communication entre tous ceux qui n'ont pas la même langue maternelle. L'inventeur de cette langue le Docteur Zamenhof Lejzer Ludwig (Louis-Lazare) est né le 15 décembre 1859, il a signé son projet de langue par «Doktoro Esperanto»,

Dans les dix pays qui viennent d'intégrer l'Union, le pourcentage moyen de l'apprentissage des langues étrangères s'établit autour de 80% pour l'anglais, 50% pour l'allemand, 8% pour le français. Les adhésions de la Roumanie, de la Bulgarie ont été repoussées à 2007. Le français est un peu plus enseigné dans ces deux pays.

Les nations européennes se rapprochent. De plus en plus de salariés changent de pays à la suite d'un nouvel emploi. Mais comment maîtrisent-ils la langue du pays ? Sans oublier que l'apprentissage d'une langue slave, ou de toute autre langue d'Europe de l'Est, va devenir un atout, avec l'élargissement de l'UE.

J'essaie d'apporter une réflexion dans ces deux derniers chapitres. Une plaisanterie sur la langue européenne circule sur Internet.

La langue de l'Europe :

La Commission Européenne a finalement tranché : après la monnaie unique, l'Union Européenne va se doter d'une langue unique, à savoir... le français.

Trois langues étaient en compétition : le français (parlé dans le plus grand nombre de pays de l'Union), l'allemand (parlé par le plus grand nombre d'habitants de l'Union) et l'anglais (langue internationale par excellence). L'anglais a vite été éliminé, pour deux raisons : l'anglais aurait été le cheval de Troie économique des Etats-Unis et les Britanniques ont vu leur influence limitée au profit du couple franco-allemand à cause de leur réticence légendaire à s'impliquer dans la construction européenne.
Le choix a fait l'objet d'un compromis, les Allemands ayant obtenu que l'orthographe du français, particulièrement délicate à maîtriser soit réformée, dans le cadre d'un plan de cinq ans, afin d'aboutir à l'eurofrançais.

La première année, les sons actuellement distribués entre 's', 'z', 'c', 'k' et 'q' seront répartis entre 'z' et 'k', ze ki permettra de zupprimer beaukoup de la konfuzion aktuelle.

La deuxième année, on remplazera le 'ph' par 'f', ze ki aura pour effet de rakourzir un mot komme 'fotograf' de kelke vingt pour zent.

La troizième année, des modifikazions plus draztikes seront pozzibles, notamment ne plus redoubler les lettres ki l'étaient ; touz ont auzi admis le prinzip de la zuprezion des 'e' muets, zourz éternel de konfuzion, en efet, tou kom d'autr letr muet.

La katrièm ané, les gens zeront devenu rézeptif à dé changements majeurs, tel ke remplazé 'g', zoi par 'ch', - avek le 'j' - zoi par 'k', zelon les ka, ze ki zimplifira davantach l'ékritur de touz.

Duran la zinkièm ané, le 'b' zera remplazé par le 'p' et le 'v' zera lui auzi apandoné - au profi du 'f', éfidamen - on kagnera ainzi pluzieur touch zur no klafié.

Un foi ze plan de zink an achefé, l'ortograf zera defenu lochik, et lé chen pouron ze komprendr et komuniké.

LE REF DE L'UNITE KULTUREL DE L'EUROP ZERA DEFENU REALITE !

1. Une Union européenne à 21 langues, quelle place pour le Français dans l'Union ?

LE FRANÇAIS SERA T-IL UNE LANGUE POUR L'EUROPE ?

Cet un affrontement dont on parle peu, mais dont l'issu sera décisive, notamment face à l'Amérique, pour préserver l'identité culturelle de l'Europe entière. Les deux grandes langues internationales s'opposent, l'anglais et le français. L'anglais est devenu le symbole et l'instrument de la suprématie économique des Etats-Unis et son seul rival véritable est le français. La langue européenne sera un élément déterminant de l'identité européenne. Elle ne peut donc pas être l'anglais, langue de la superpuissance américaine. Pourquoi l'Europe devrait-elle encore en l'adoptant se soumettre à une dépendance linguistique, alors qu'elle doit s'affirmer dans toute sa diversité ? L'anglais par exemple a été imposé à la Banque centrale européenne, dont pourtant le Royaume-Uni est absent. Le français est une langue belle et ouverte sur le monde. Elle pourrait être acceptée comme langue seconde européenne à coté de la langue nationale, de Lisbonne à Saint-Pétersbourg, de Varsovie à Casablanca.

Apres l'élargissement de l'U.E. dans quelle langues s'exprimera une Europe à 25 membres ?

Apres l'adhésion à l'Union européenne des pays de l'Europe centrale et orientale le nombre de langues pratiquées dans l'UE passera de 11 à 21.

Onze langues dans l'U.E. des quinze :

1) allemand,
2) anglais,
3) danois,
4) espagnol,
5) finlandais,
6) français,
7) grec,
8) italien,
9) néerlandais,

10) portugais,
11) suédois.

21 langues dans l' U.E. des 25 membres :

12) estonien,
13) lettonne,
14) lituanien,
15) polonais,
16) hongrois,
17) tchèque,
18) slovaque,
19) slovène,
20) bulgare,
21) roumain.

Pour Malte c'est l'anglais et pour Chypre le grec.
Le multilinguisme sera maintenu au sein du Parlement européen. Chaque député pourra s'exprimer dans sa langue maternelle. La Commission avait en 2001 proposé de favoriser l'emploi de l'anglais comme langue de travail. Proposition rejetée par Paris et Berlin qui souhaitent maintenir le français et l'allemand comme langue de travail. Reste l'interprétation et la traduction des interventions des députés européens.

Les 21 langues de la future grande Europe donneront 441 combinaisons de traduction possible, ce qui fera complètement exploser le coût de la traduction au sein des instances européennes. C'est une véritable tour de Babel linguistique qui s'annonce.

Le volume de pages traduites progressera de 40% : de 1 480 000 en 2003, il devrait s'élever à 2 370 000 en 2005 ! Pour ce faire, soixante traducteurs supplémentaires par langue vont devoir être embauchés. Quant au coût de cette traduction, il passera d'environs 550 millions d'Euros par an à plus de 800 millions dans l'Europe élargie. Coté interprétation, il va aussi falloir recruter et augmenter le budget. Les services d'interprétation estiment leurs besoins à quarante interprètes supplémentaires par nouvelle langue et par jour.

Pour résoudre cette difficulté, trois langues appelées « langues pivots » serviront de base pour la traduction vers ces 21 langues.

Ces trois langues pivots : anglais, français, allemand, sont déjà actuellement en place et ce système sera conservé.

L'anglais représente 35,5% des cas, le français 29,5% des cas et l'allemand 11,1% des cas. On peut estimer que l'allemand comme langue pivot sera davantage utilisé par les traducteurs venant des pays de l'Europe de l'Est.

Les dix pays candidats de l'Europe centrale et orientale sont plus tournés vers l'allemand, ce qui pourrait en faire très vite la deuxième langue de travail. L'allemand n'a pas de statut officiel dans les organismes internationaux. Elle n'est même pas une langue officielle au sein de l'Union européenne. Seul le français et l'anglais le sont, l'allemand est tout juste accepté comme langue de travail dans certaines réunions. Pourtant c'est l'allemand qui est le plus parlé dans l'Union des quinze, soit par environ 90 millions d'habitants. Le poids politique de l'ancien chancelier Helmut Kohl, qui régulièrement souhaitait imposer l'allemand comme troisième langue officielle à coté du français et de l'anglais n'a pas suffit à mettre l'allemand sur un pied d'égalité avec les deux autres langues de l'Union européenne. Ne pas admettre l'allemand comme troisième langue officielle est donc paradoxal.

L'ANGLAIS, LANGUE VEHICULAIRE

L'anglais est langue officielle et langue de travail dans toutes les organisations mondiales et dans la plupart des organisations internationales, sauf dans les Etats de la CEI. L'anglais est la langue universellement utilisée de la diplomatie.

Au sens strict du terme, l'anglais est la langue officielle ou « de situation privilégiée » dans 48 pays, suivi du français dans 33 pays, de l'arabe (23) et de l'espagnol (20). Dans un sens plus large, l'anglais a un statut officiel dans pas moins de 112 pays, suivi du français dans 54 pays.

L'allemand est la langue maternelle d'environ 120 millions d'Européens et la deuxième langue la plus parlée après le russe, parlé par environ 150 millions de personnes. . L'allemand est la langue officielle de 7 pays européens sur les 44 Etats que compte l'Europe.

En Allemagne, en Autriche et au Liechtenstein, elle est la seule langue officielle nationale. Elle est une langue nationale partagée en Suisse, au Luxembourg et en Belgique et enfin une langue régionale dans la province italienne du Tyrol du Sud avec l'italien. L'allemand est une langue influente exclusivement sur le continent européen.

Sur les autres continents, l'allemand perd tout son intérêt, puisque aucun pays ne s'y réfère.

De la même façon, l'anglais est la langue généralement dominante du monde des affaires ainsi que la langue officielle de toutes les multinationales. Quiconque ne dispose pas de solides connaissances en anglais ne peut espérer jouer un rôle à l'échelon mondial. Les groupes internationaux allemands sont profondément marqués par cette expérience. L'anglais supplante les autres langues sur la scène internationale.

Les plus directement touchées sont les langues comme l'allemand, le français ou l'espagnol qui sont pourtant enseignées dans le monde entier. L'ancien ministre français de l'Education et de la Recherche Claude Allègre a ainsi affirmé en 1999 : "L'anglais ne doit plus être une langue étrangère". En Allemagne comme au Japon on trouve des groupements d'intérêt qui réclament publiquement que l'anglais soit élevé au rang de deuxième langue officielle à côté des langues autochtones comme le japonais ou l'allemand. Leur objectif principal est d'améliorer durablement les connaissances en anglais de la population

*Victor Ginsburgh, professeur à l'Université libre de Bruxelles et Shlomo Weber de la Southern Methodist University de Dallasont ont étudié la place exacte de différentes langues utilisées dans l'Union européenne à 15.

L'anglais : 208 millions Européens affirment le pratiquer comme 1ère, 2ème ou 3ème langue devant le français.

Le français : 64 millions

L'allemand : 120 millions

L'italien : 65 millions

L'espagnol : 56 millions

Le néerlandais : 24 millions

Les deux universitaires affirment que, si l'anglais était la seule langue utilisée, 45% des habitants de l'UE seraient linguistiquement exclus.

L'Europe élargie ne doit pas céder à la facilité et adopter un unilinguisme au sein de ses institutions. Ce continent a une richesse lin-

---

* Le Monde, mercredi 3 juillet 2002

guistique extraordinaire qu'il ne faut pas gommer d'une façon réductrice à une seule langue : l'anglais. Conserver le multilinguisme n'est certes pas la facilité, mais ce défi en vaut bien la peine, comme d'autres défis technologiques ou politiques. L'Europe c'est la diversité culturelle et linguistique.

*Avec l'élargissement, l'usage du français recule dans les institutions européennes. Le basculement vers l'anglais ne date pas de l'entrée du Royaume-Uni dans l'Union européenne en 1973. A l'époque, il y a eu un accord entre Georges Pompidou et Edward Heath pour que Londres envoie des fonctionnaires parlant français, cela a réussi à cent pourcent. Le virage a, en fait, eu lieu en 1995, avec le départ de Jacques Delors de la Commission et l'élargissement à la Suède, la Finlande et l'Autriche : les fonctionnaires de ces pays n'avaient aucune envie d'apprendre le français.

En 2002, à la Commission, 57 % des documents étaient écrits originellement en anglais pour 29 % en français, soit un recul de 10 points en huit ans, l'allemand étant stable à 5 %. Les études économiques de la Commission sont publiées uniquement en anglais, même si Londres n'est pas dans l'euro. In fine, M. Prodi a pu choisir deux porte-parole, le Finlandais Reijo Kemppinen et l'Italien Marco Vignudelli, au français exécrable, sans que personne s'en émeuve.

Le recul est pire au Conseil, où 18% seulement des documents étaient rédigés en français en 2002, pour 42 % en 1997 ! Même au Parlement européen, lieu du multilinguisme, l'anglais devient lingua franca. Ainsi, la socialiste française Pervenche Berès, fondatrice d'un groupe sur la gouvernance économique de la zone euro, animait son groupe en français jusqu'à ce qu'elle accueille des députés finlandais et irlandais.

La tendance va s'aggraver avec l'élargissement, les nouveaux Etats membres ayant choisi l'anglais à 69 %, l'allemand à 18 % et le français à 13 %. "Dans les réunions, dès qu'un Letton va dire qu'il ne parle pas français, on va devoir tous passer à l'anglais", prédit un haut fonctionnaire.

Le minimum serait de pouvoir s'exprimer dans les langues des trois cultures européennes, latines, anglo-saxonnes et germaniques, à savoir le français, l'anglais et l'allemand. "Si on pense néolibéral, autant le faire tout de suite en anglais", explique un haut fonctionnaire belge. "Même les Anglais commencent à se rendre compte que la loi selon laquelle "la mauvaise monnaie chasse la bonne" va s'appliquer pour leur langue. Ils

*ont intérêt au plurilinguisme, sinon c'est leur langue qui va se vérole*r",
affirme le commissaire français Pascal Lamy.

Il va néanmoins falloir faire des choix parmi les vingt langues de
l'Union. L'allemand est difficile, son usage suscite la jalousie des
Italiens et des Espagnols. Les Français cherchent donc à préserver
leur avantage, l'usage de l'anglais et du français sans traduction
dans les réunions techniques. "Le français continuera d'être une langue de travail, tant que les gens continueront d'avoir une connaissance passive du français", explique M. Sellal. Paris a ainsi formé au
français 3 200 fonctionnaires dans les pays de l'élargissement en
2003 et organise des sessions spéciales à Avignon pour les ambassa-
deurs, futurs commissaires et hauts fonctionnaires, dans une atmos-
phère où l'on essaie de faire oublier les brouilles du passé : ainsi
l'ambassadeur de Pologne a été invité à commenter cet été, la vidéo
au cours de laquelle Jacques Chirac expliquait aux pays candidats
qu'ils avaient "perdu une bonne occasion de se taire" en soutenant
les Américains sur le dossier irakien. L'enjeu est de persuader les
nouveaux venus que l'usage du français est indispensable.

2. La langue allemande dans les PECO

L'allemand était la langue véhiculaire dans la monarchie danubienne des Habsbourg.

Dans un article du « Wiener Journal » N°180 du mois de septembre 1995 on pouvait lire sous la plume d'Inge Santner :

> « *La langue des Habsbourg est de retour en Europe centrale.* »
> « *Die Sprache der Habsburger kehrt rasant nach Osteuropa zurück.*
> *Man spricht Deutsch* »

En 1783 l'Empereur Joseph II d'Autriche impose la langue allemande dans l'enseignement supérieur de toutes les universités de l'Empire des Habsbourg et également comme langue administrative y compris en Hongrie pour faciliter les mesures administratives centrales. Rappelons que la première université de langue allemande fut fondée à Prague en 1345 avant Vienne qui inaugure son université une vingtaine d'années après Prague.

En 1804 François II prend le titre d'Empereur d'Autriche, en 1806 il dépose la couronne allemande et Napoléon met un terme au Saint Empire Romain Germanique. L'Autriche se tourne alors d'avantage vers les pays du Danube et vers les Balkans. Il naît dans cet Empire danubien une nouvelle civilisation centre-européenne et cosmopolite dans laquelle coexistent une douzaine de langues différentes, l'allemand, le tchèque, le slovaque, le polonais, l'ukrainien, le hongrois, le roumain, le serbe, le croate, le slovène, l'italien et le yiddish.

Joseph Roth (1894-1939) ce grand écrivain autrichien, né dans un petit village en Wolhynie, actuelle Ukraine, décrit dans son Roman « Radetzkymarsch »que dans l'armée austro-hongroise, deux cents mots allemands suffisaient pour pouvoir communiquer. Car bien sûr, le commandement restait toujours réservé aux seuls Autrichiens-Allemands (Deutsch-Österreicher).

Une anecdote relatée dans son roman reste célèbre : Un simple soldat est arrêté au fin fond d'un village bosniaque pour une affaire disciplinaire mineure. Or, c'est le Ministère de la guerre à Vienne qui règle toutes les affaires disciplinaires. Le cas est jugé et le soldat est puni d'un emprisonnement de quinze jours. Ce jugement est traduit de l'allemand en hongrois, du hongrois en tchèque, du tchèque en polonais, du polonais en slovène etc. jusqu'à la traduction finale en serbo-croate. Dans son village bosniaque le brave soldat fut exécuté conformément aux directives arrivées de Vienne.

L'allemand était la langue véhiculaire dans tout l'Empire des Habsbourg, riche de quelques douze langues, parlées par ses habitants.

Jusqu'à la Seconde Guerre mondiale, l'allemand restait en Europe de l'Est cette langue véhiculaire traditionnelle puis elle a été rayée des programmes scolaires au profit du russe. Après 1945 tous ces pays de l'Est se trouvaient derrière le rideau de fer et étaient satellisés par l'Union soviétique. Aujourd'hui, avec la nouvelle situation politique régnant en Europe de l'Est, l'allemand regagne de l'importance, en particulier comme langue économique permettant les contacts entre l'Est et Ouest.

La Première Guerre mondiale sonne le glas des quatre grands empires en Europe, celui des Russes, des Ottomans, des Allemands et des Autrichiens. Ce bouleversement entraîne des modifications de frontières et la création de nouveaux Etats. Des millions d'hommes et de femmes changent d'appartenance nationale pour se trouver citoyens d'une nouvelle nation, dont ils ne maîtrisent pas toujours la langue officielle.

La dissolution de l'Empire austro-hongrois laisse 3 300.000 Autrichiens de langue allemande (Deutschösterreicher) dans le nouvel Etat tchécoslovaque où ils vont constituaient la population des Sudètes[*]

D'autres minorités germaniques substantielles se retrouvent également dans les autres Etats successeurs : 200.000 personnes dans le Sud-Tyrol italien, 700.000 Souabes du Danube et Allemands de la Transylvanie (Donauschwaben ou Siebenbürgen) en Yougoslavie et en Roumanie ainsi que 500.000 Banatais ou Souabes du Danube en Hongrie.

A l'opposé géographique, l'éclatement de l'Empire russe fait également passer des dizaines de milliers d'Allemands sous l'autorité des trois nouveaux pays Baltes, ne laissant plus que des minorités ger-

---

[*] Isabella Ackerl & Walter Kleindel, Die Chronik Österreichs, édition Bertelsmann, 1994, p.474

maniques de 1,5 millions, les « Russlanddeutschen » sur le territoire de la nouvelle URSS. Dans cette nouvelle Europe, dix millions d'Allemands ou Austro-allemands (Deutschösterreicher) se trouvaient désormais dans l'inconfortable situation de minorité nationale.

Entre le Danube et la Volga, les populations germanophones représentent une communauté culturelle d'environ vingt millions d'individus qui se trouvent soudain en dehors des anciennes frontières, celles de l'empire des Habsbourg et celles du Reich de Guillaume II.

Cette situation représentait un réel potentiel de perturbation pour les jeunes Républiques et portait en son sein des velléités de pangermanisme qui alimenteraient la période noire de la dictature hitlérienne. Quelques années plus tard, en effet, Hitler, n'hésitera pas à associer également à cette communauté dont il voulait faire une communauté de destin, les 6.5 millions d'Autrichiens, les 3 millions de Suisses-Allemands, les 285.000 Luxembourgeois et les 10 .000 habitants du Liechtenstein.

La nouvelle Autriche telle que la crée le traité de Saint-Germain, est déconcertante autant pour les hommes politiques autrichiens que pour les économistes et pose une foule de problèmes. La nouvelle frontière ne délimite plus qu'un territoire de 84 000 kilomètres carrés à remettre en perspective avec les 676.000 Km carrés de l'ex-Empire. La nouvelle République ne comprend plus qu'une superficie réduite ainsi à un huitième de l'ancien Empire. La population s'élève à six millions cinq cent quarante mille personnes en se fondant sur le recensement de 1923, contre cinquante millions sous l'Empire.

Du point de vue ethnique, le nouvel Etat est à peu près homogène. C'est sans doute là le seul avantage de ces nouvelles frontières.

Le Banat, cette région entre la Hongrie, la Roumanie et la République yougoslave était jusqu'en 1918 une terre de l'Empire austro-hongrois et les Banatais installés en France et notamment dans le Vaucluse dans les années cinquante, sont de langue et culture allemandes. A partir de l'année 1960 tous les Banatais sont naturalisés français et leurs descendances sont éparpillées en France et fondus dans la population française

Le Banat est aujourd'hui en grande partie vidé de ses habitants germanophones. A partir de 1989, avec la chute du rideau de fer

250.000 à 300.000 « Aussiedler », Allemands de souche ; Saxons de Transylvanie et Souabes du Banat ont quitté la Roumanie, la Hongrie et la Yougoslavie pour retourner en Allemagne.

L'article 116 de la loi fondamentale en Allemagne dispose :

« Est Allemand quiconque possède la nationalité allemande ou a été admis sur le territoire du Reich tel qu'il existait au 31.12.1937, en qualité de réfugié ou d'expulsé d'appartenance ethnique allemande ou de conjoint ou descendants de ces derniers ».

Une autre loi du 3.9.1971 avait précisé la provenance géographique donnant droit au statut de « Aussiedler » allemand de souche et donc à la nationalité allemande. Tous les PECO (pays de l'Europe centrale et orientale) sont mentionnés dans ce texte de loi.

L'outil Internet constitue actuellement un formidable moyen pour les spoliés allemands d'être présent sur le Web. Ils ont des centaines de sites et la diaspora Banataise jusque là dispersée à travers le monde renoue des contacts avec le pays d'origine comme la Roumanie ou la Hongrie et les spoliés installés en Allemagne et en Autriche.

Ces pays de l'Europe de l'Est qui ont rejeté le communisme, se tournent vers l'Europe occidentale et frappent à la porte de l'Union européenne. Si aucune date précise n'a été fixée, le principe d'adhésion de l'ensemble des pays de l'Europe centrale est admis. L'idée maîtresse de l'Union Européenne est la libre circulation des personnes et des biens.

L'allemand un poids lourd en Europe et néanmoins pas une langue internationale

L'allemand a-t-il pour autant une position internationale ? Est-ce que l'allemand est un « LINGUA FRANCA » à l'ombre de l'anglais ? En fait, ni l'un ni l'autre.

L'allemand est la langue maternelle d'environ 120 millions d'Européens et la deuxième langue la plus parlée après le russe, parlé par environ 150 millions de personnes. L'allemand est la langue officielle de sept pays européens sur les 44 Etats que compte l'Europe.

L'IMPORTANCE ECONOMIQUE D'UNE LANGUE *

L'importance économique d'une langue mais aussi l'importance de la communauté qui parle cette langue est sûrement un facteur essentiel pour expliquer ce qui permet à l'allemand d'être la deuxième ou la troisième langue étrangère apprise dans le monde. Ou pourquoi, depuis peu, les gens apprennent le japonais ou le chinois comme langue étrangère. A moins que cela ne se réduise seulement à un phénomène de mode de courte durée.

l'Allemagne est le deuxième exportateur du monde après des Etats-Unis et avant le Japon. l'Allemagne voisine de la Pologne et l'Autriche voisine de la République tchèque, de la Hongrie, de la Slovaquie et de la Slovénie sont des pays limitrophes avec cinq des 27 PECO.

L'Allemagne est pour tous les PECO le partenaire commercial le plus important tant pour les importations que pour les exportations. Elle est très souvent le premier partenaire économique ou comme pour la Russie le deuxième derrière les Etats Unis.

L'Autriche a avec les quatre pays PECO limitrophes : la Hongrie, la République tchèque, la Slovaquie et la Slovénie des échanges économiques très renforcés et elle se situe derrière l'Allemagne en deuxième position. En 2000 le commerce avec les PECO représentait pour l'Autriche environ 16%, contre 5% pour la France.

Partenaires commerciaux pour l'Europe de l'Est en % pour l'année 1998 : Source : Eurostat 1998

	Importations	Exportations
Bulgarie	Russie 25%	Italie 12%
Estonie	Russie 23%	Finlande19%
Roumanie	Allemagne 16%	Italie 20%
Lettonie	Allemagne 16%	Russie 21%
Lituanie	Russie 24%	Russie 25%
Slovaquie	Rép. tchèque 23%	Rép. tchèque 27%

---

* Allemagne, revue sur la politique, la culture, l'économie et les sciences N°1
2/94 p .44 article de Ulrich Ammon, sociolinguiste à l'université de Duisburg

Slovénie	Allemagne 21%	Allemagne 29%
Pologne	Allemagne 24%	Allemagne 33%
République tchèque	Allemagne 32%	Allemagne 36%
Hongrie	Allemagne 27 %	Allemagne 37%

En ce qui concerne les investissements dans les cinq PECO :

République tchèque, Hongrie, Pologne Bulgarie et Roumanie, l'Allemagne s'impose comme le premier investisseur mondial dans ces pays, devant les Etats-Unis et loin devant la France. Pour la période 1987 / 1998 les investissements français sont presque quatre fois inférieurs aux investissements allemands.

La France se trouve de surcroît talonnée par l'Autriche, dont la population est de huit millions d'habitants, inférieure à la Région Ile de France.

Le PIB de la France à la fin de la période considérée avoisine les 1297 milliards d'Euros, celui d'Autriche 188 milliards d'Euros. L'Autriche investit presque autant dans les PECO que la France mais avec un PIB pourtant largement inférieur.

En novembre 2000 s'est ouvert à Vienne en Autriche une nouvelle bourse, la « New Europe Exchange NEWEX », spécialisée dans les valeurs des pays de l'Europe centrale et orientale. De droit autrichien elle est le résultat d'un projet commun aux bourses de Francfort et de Vienne. Elle a pour tâche d'offrir aux entreprises Est-européennes un meilleur accès aux capitaux occidentaux.

1. Montant cumulé 1987-1998 des initiatives d'investissements par pays d'origine vers les PECO-5 (en millions d'euros)

	R.Tchèque	Hongrie	Pologne	Bulgarie	Roumanie	Total
Autriche	756	769	738	5	71	2 339
Belgique	347	256	129	30	19	781
Danemark	18	0	177	0	59	254
Finlande	4	37	117	-	-	158
France	561	722	1 301	6	315	2 905
Allemagne	3 719	4 866	2 372	106	373	11 436
Grèce	-	2	4	33	387	426
Irlande	-	-	161	27	2	190
Italie	309	664	852	2	123	1 950
Luxembourg	15	10	-	-	25	50
Pays-Bas	1 283	290	936	22	296	2 827
Portugal	-	-	-	-	14	14
Espagne	19	11	85	-	34	149
Suède	636	153	498	-	37	1 324
Royaume-Uni	636	171	818	55	125	1 805
EU-15	8 303	7 952	8 189	286	1 880	26 610
Etats-Unis	2 696	2 114	3 219	49	382	8 460
Japon	266	330	140	1	3	740

Rang mondial	Pays	Total
1	Allemagne	11 436
2	Etats-Unis	8 460
3	France	2 905 *
4	Pays-Bas	2 827
5	Autriche	2 339

Source : Eurostat 1998

L'allemand a joué un rôle important comme langue scientifique jusque dans les années trente. L'anglais a ensuite détrôné l'allemand qui a perdu constamment du terrain et de son influence comme langue scientifique. Les deux raisons de cette perte d'influence sont les défaites de l'Allemagne et de l'Autriche lors de la Première Guerre mondiale et le comportement de l'Allemagne nazie qui a chassé ou assassiné de nombreux scientifiques. Après la guerre, dans un pays dévasté, les chercheurs ne trouvant pas de possibilité de travail, ont préféré émigrer dans un pays anglophone. Les Etats-Unis ont de ce fait, profité de ces nombreux chercheurs européens qui y ont trouvé refuge.

Le recul de l'allemand comme langue, s'explique aussi par le recul des sciences dans les pays germanophones. Les Etats-Unis, le plus grand pays anglophone, détiennent le leadership scientifique dans le monde. Dans la nouvelle technologie qu'est l'Internet, les chiffres sont parlants. Même si l'hégémonie de l'anglais recule comme langue de communication sur Internet au profit des autres langues, l'allemand ne représente que 6 % sur le réseau mondial. Quant au français, il est seulement de 4 %. Pourtant la communauté francophone dans le monde est largement supérieure à la communauté germanophone. La population dans le monde, de langue maternelle anglaise, représente seulement 5,3 % de la population globale, mais cependant, 86 % des pages Web s'affichent en anglais, la langue la plus utilisée sur le Net.

Des nombreux chercheurs ou scientifiques allemands, qui sont bilingues dans leur matière, publient actuellement de préférence en anglais. Mais des scientifiques de nombreux pays voisins de l'aire germanophone recommandent souvent au jeunes d'apprendre l'allemand tant les débouchés industriels s'avèrent plus prometteurs. Il y a bien sûr une différence sensible entre l'Europe de l'Est et l'Europe de l'Ouest même si l'anglais progresse en Europe de l'Est et que l'allemand se tient aujourd'hui à l'ombre de l'anglais. Il est vrai que grâce au nombreux îlots germanophones à l'Est et grâce aux progrès techniques des pays germanophones qui font figure d'exemples à l'Est, l'allemand reste la langue véhiculaire de l'Europe de l'Est.

Si le rôle de l'allemand comme langue internationale ne dépasse pas la sphère d'Europe de l'Est, l'allemand jouit aux cotés de l'anglais d'une plus grande importance au niveau pratique et dans la vie commerciale. La connaissance de l'allemand facilite les contacts avec l'aire germanophone voisine, et permet l'établissement des relations économiques. Les pays germanophones sont naturellement intéressés par un maintien de la position transrégionale actuelle de la langue allemande. De nombreux chefs d'état en Europe de l'Est maîtrisent l'allemand mieux que l'anglais. Pour ne citer que le premier du plus grand pays, la Russie, Vladimir Poutine s'exprime en allemand, langue qu'il a apprise lorsqu'il était en poste à Dresde en RDA dans les années quatre vingt pour le KGB. Mais Vaclav Havel, le Président de la République Tchèque ou Peter Horn, l'ancien premier ministre hongrois maîtrisent eux aussi parfaitement la langue de Goethe.

Le chef du gouvernement hongrois Victor Orban (1998-2002) a proposé à son homologue Edmund Stoiber, président ministre de Bavière en avril 200 lors d'une visite à Munich, de fonder une université allemande pour y former l'élite du pays. Les gouvernements allemand, autrichien et suisse-allemand s'engagent à financer cette université qui aura un statut privé mais reconnu par l'Etat. Cette institution doit former les meilleurs étudiants, sélectionnés à l'entrée par voie de concours, dans les domaines des relations internationales, des sciences politiques et du droit comparé entre pays de l'Europe de l'Ouest et pays de l'Europe centrale. Le débouché des jeunes diplômés est garanti par cette très forte présence des entreprises allemandes ou autrichiennes, mais également dans les institutions internationales.

Les inscriptions sont proposées aussi bien aux étudiants des pays germaniques ou de tout autre pays, maîtrisant parfaitement l'allemand, que des pays de l'Europe centrale. Cette nouvelle Université[*] « Andrassa Gyula » a ouvert ses portes à la rentrée universitaire 2001/2002. Le siège de l'université est en plein centre de Budapest, derrière le musée national. Lors du vote du 20 avril 2001 au parlement de Budapest pour entériner par une loi cadre la création de cette nouvelle université allemande, les députés hongrois ont

---

[*] http://www.andrassyuni.hu/

accordé un financement de 229 millions de forints hongrois pour la rénovation des bâtiments.[*]

Le nombre d'étudiants germanistes est assez considérable en Hongrie. A Szeged[*] par exemple une ville universitaire au sud du pays, le département d'allemand compte 140 étudiants germanistes par année. L'Allemagne comme l'Autriche envoient des lecteurs dans les PECO, mais également un très grand nombre de professeurs d'allemand détachés sur cinq ans, qui y enseignent (Langzeitdozent), rémunérés par leur pays d'origine. Ces deux pays financent des bibliothèques scolaires et municipales.

Les ministères allemands et autrichiens de l'Education ont renouvelé les manuels scolaires pour l'enseignement de l'allemand, dans l'ensemble des PECO, qui dataient souvent de l'ère communiste envoyés par la RDA. Des jardins d'enfants, des écoles primaires, des collèges ou lycées allemands sont également financés par les deux pays. L'Allemagne a fermé après 1990 des Instituts Goethe en Europe de l'ouest pour en ouvrir dans les PECO, tant la demande d'apprendre l'allemand était forte.

L'allemand a regagné du terrain en Europe de l'Est au détriment du russe, mais l'anglais est un concurrent beaucoup plus fort que le russe ne l'a jamais été. La diffusion de l'anglais a été fortement limitée dans le système soviétique pour des raisons idéologiques mais aujourd'hui ces barrières tombent.

L'allemand subit une autre pression inattendue, pourtant sur son terrain en Europe de l'Est.

En effet, comme expliqué précédemment, pour les pays candidats des PECO, les négociations avec l'Union européenne se déroulaient majoritairement en anglais ou en français.

Ceci provient du fait que ces deux langues sont les langues officielles de l'U.E. ce que n'est pas l'allemand.

Très souvent les partenaires et les fonctionnaires des PECO qui parlent mieux l'allemand que le français ou l'anglais sont ainsi contraints d'utiliser les deux autres langues dans leur travail avec l'Union européenne. Ce fait est souvent critiqué par les Allemands sans que l'on y remédie. Mais l'Allemagne ne souhaitait pas bloquer

---

[*] Source : Budapester Zeitung N° 16, 22 avril 2001

[*] Peter Bassola, Professeur, d'allemand responsable du département d'allemand à l'université de Szeged.

l'adhésion des pays candidats des PECO pour une querelle linguistique. La grande majorité des contacts entre les populations de l'Europe de l'Ouest ou de l'Est se joue à un niveau inférieur et l'allemand conservera, u même élargira, sa position de langue véhiculaire en Europe de l'Est.

Connaissance de langues étrangères exigées en pourcentage dans les offres d'emploi publiée dans les journaux en 1990 une année après la disparition du rideau de fer en % :

	allemand	anglais	français	espagnol
Hongrie	40	37	3	1
Pologne	36	46	7	1
France	11	71	-	5
Angleterre	7	-	15	6
Espagne	7	60	21	-
Italie	6	69	9	1

LES MEDIAS EN LANGUE ALLEMANDE DANS LES PECO

Dans le monde entier par la radio, la télévision ou l'Internet des informations sur la vie politique, culturelle et économique de l'Allemagne sont donner par :

Deutsche Welle   www.dw-world.de
Germain Tv   www.germantv.info
Arte   www.arte-tv.com
Channel D   www.channeld.de

Néanmoins il y a une renaissance de la presse écrite en allemand dans les pays de l'Europe centrale et orientale.

Ainsi en **Hongrie** le « Neue Pester Lloyd » www.pesterlloyd.de en est un exemple. Le Pester Lloyd a été fondé en 1854 par des commerçants de Pest. Ce périodique libéral deviendra l'un des journaux le plus influent de son époque. Le tirage cumulait à 25.000 exemplaires et le Pester Lloyd était réputé après la dislocation de l'Empire austro-hongrois en Allemagne et en Autriche comme dans le reste de l'étranger comme une source fiable de l'information économique en provenance de l'Europe centrale et orientale. Dans les années 20 et 30 il ouvrait une page culturelle et publia des extrait d'ouvres de Thomas et Heinrich Mann, Joseph Roth, Stefan Zweig, Anna Seghers et Erich Kästner. En mai 1945 le Pester Lloyd cessa de paraître et durant les années du régime communiste aucun éditorial en langue allemande n'existait en Hongrie.

En 1994 des journalistes de Francfort, Berlin, Wien et Budapest ont redonné vie à au journal «Neue Pester Lloyd ». Cet hebdomadaire informe sur les actualités politiques, économiques et culturelles. La moitié des lecteurs sont des Hongrois qui maîtrisent bien l'allemand.

Autre publications :

Neue Zeitung www.extra.hu/neuezeitung un hebdomadaire très apprécié par les souabes hongrois, qui sont restés attachés à leurs origine germanique .Ce journal informe sur l'activité culturelle et la vie associative des minorités allemandes en Hongrie. Il donne aussi des informations sur la vie économique et politique en Hongrie comme en Allemagne et en Autriche. La première parution date de 1957 et aujourd'hui il bénéficie d'un tirage d'environ 2600 exemplaires par semaine.

Budapester Zeitung www.budapester.hu un hebdomadaire qui informe sur la vie politique économique mais qui sert aussi de guide pour toutes les sortie culturelles, littéraires, théâtrales, musicales de Budapest. Premier édition en 1998 il tire a 12000 exemplaires aujourd'hui.

Balaton Zeitung www.balaton-zeitung.de_un mensuel qui informe des possibilités touristiques autour du lac de Balaton.

Wirtschaftsnachrichten Ungarn spiry@ahkungarn.hu un bimensuel qui informe en langue allemande et hongroise de l'actualité économique.

Sonntagsblatt www.mcse.hu un journal qui apparaît une fois par trimestre , il informe sur la situation passée présente et future de la Hongrie du point de vue de la minorité allemande de ce pays. Ce journal est destiné aux Souabes hongrois vivants encore en Hongrie comme à tous ceux qui ont été expulsés ou qui ont immigré.

Humboldt Nachrichten www.inf.u-szeged.hu une édition qui paraît de façon irrégulière, édité par l'association Humboldt en Hongrie.

Ungarische Wirtschaft http://gm2.interware.hu/HunEco/deu une publication du Ministère de l'économie sur la vie économique, qui apparaît une fois par trimestre en langue allemande.

En Roumanie

L'Allgemeine Deutsche Zeitung www.adz.ro qui paraît à Bucarest Ce journal est la continuité du journal « Neuen Weg » (1949-1992). Crée en 1992 il s'adresse au minorités allemandes vivant encore en Roumanie.

Banater Zeitung http://members.tripod.de/BZOnline un hebdomadaire qui est joint au journal « Allgemeine Deutsche Zeitung » destiné aux lecteurs du Banat à Timisoara et à Arad.

Karpaten Rundschau un hebdomadaire de Brasov,

Kronenstädter Wochenschrift Adresse: Str. Mihail Sadoveanu 3, RO – 2200 Brasov Roumanie

Hermannstädter Zeitung http://www.adz.ro paraît tous les vendredi, ce journal est destiné aux Saxons de Transilvanie qui vivent encore en Roumanie et à tous ceux qui ont quitté leurs pays. http://www.logon.ro/hz/impress.htm

Pays Baltes - Estonie, Lettonie, Lituanie

Baltische Rundschau
Rudninku 18/2, LT-01135 Vilnius, Litauen baltische-rundschau@gmx.net

En Pologne
Schlesisches Wochenblatt sw@opolskie.pl
Depuis 1991, hebdomadaire de 16 pages, tirage à 6500 exemplaires édité à Opole. Le ministère des affaires étrangères allemand donne des subventions. Adresse :ul. Reymonta 14, PL-45-066 Opole, Pologne

Ratiborer Mitteilungen
Depuis 1999, semestriel vdhratibor@poczta.onet.pl www.vdh-atibor.vdg.pl

Allensteiner Nachrichten agdm@poczta.onet.pl
Depuis 2003, mensuel
http://www.agdm.republika.pl/agdm_index.htm

Masurische Storchenpost www.dfkschlesien.vdg.pl
Depuis 1990, mensuel Adresse: Skrytka pocztowa 117, PL-10-001
Olsztyn PologneInformations - und Kultur- BULLETIN
Depuis 1989 mensuel dfkbulletin@poczta.onet.pl

Mitteilungsblatt http://agdm.republika.pl/mitteil_artikeln.htm
der deutschen Minderheit im Bezirk Ermland und Masuren
Depuis 1994, mensuel agdm@poczta.onet.pl

Hallo Deutschlehrer
Semestriel
bownik@deutsch.info.pl
http://www.deutsch.info.pl/psnjn/de_zeitschrift.htm

Hoffnung
Trimestriel
deutschegem@omi.pl
http://www.deutschegem.omi.pl/

Schlesien heute
Mensuel
sheute@poczta.onet.pl

Thorner Bote
Adresse: ul. Wyspiańskiego 19, PL-87-100 Toruń

DHI-Bulletin
Depuis 1995 une fois par an
dhi@dhi.waw.pl
www.dhi.waw.pl

Hallo, wir sind da!
Adresse: ul. Roosevelta 17/1, PL-90-056 Lodz

Oberschlesisches Bulletin – Mitteilungsblatt
Depuis 1994
Adresse: ul. Grottgera 20b/10, PL-41-902 Bytom

Wirtschafts-Nachrichten
mensuel publikacje@pniph.com.pl

Unser Oberschlesien
Bi-mensuel
sheute@poczta.onet.pl
Touristische News trimestriel eurosys@pro.onet.pl

Slovaquie

Karpatenblatt -
Monatsblatt der Deutschen in der Slowakei
Depuis 199,1 mensuel
karpatenblatt@stonline.sk
http://www.karpatenblatt.svan.sk/

Revue der slowakischen Literatur
Depuis 1995, semestriel
lic@litcentrum.sk
http://www.litcentrum.sk/

Slowakischer Monatsbericht
mensuel
www.mesa10.sk mesa10@mesa10.sk

LA LITTERATURE AUTRICHIENNE EGALEMENT IMPREGNEE PAR L'EUROPE CENTRALE

La littérature allemande compte également des auteurs autrichiens, suisses ou des auteurs de cette Mitteleuropa qui écrivaient en allemand. La littérature autrichienne de la première moitié du vingtième siècle est profondément marquée par son passé et l'Empire des Habsbourg qui était une véritable mosaïque de peuples.

Cet Etat multiculturel était loué par des grands écrivains autrichiens comme Franz Werfel, Stefan Zweig, Robert Musil etc.

La grande majorité des relations entre les populations de différentes nationalités de la Monarchie danubienne se déroulait en deçà du niveau des dirigeants ou des leaders nationalistes. La cohabitation durant des siècles entre ces trois grandes ethnies, Germains, Latins et Slaves dans les vingt-quatre régions de la Monarchie n'a jamais donné lieu a des conflits interéthniques. Les velléités nationalistes ne s'exprimaient pas dans un affrontement entre tous ces peuples mais vis-à-vis de l'autorité de l'Etat, représentée par la famille régnante des Habsbourg à Vienne. N'oublions pas aussi les différences religieuses qui s'acceptaient : ainsi voisinaient catholiques, protestants ou orthodoxes, juifs et même musulmans.

Avec l'intégration de la Bosnie dans l'Empire des Habsbourg en 1878, treize différents peuples cohabitaient dans cette Monarchie : les Autrichiens de langue allemande «Deutsch-Österreicher», les

Hongrois et les Slaves eux-mêmes, qui se répartissaient entre de nombreux peuples . Quatre au Nord : Tchèques, Slovaques, Polonais, Ruthènes (ces derniers vivant dans l'Ukraine), trois au sud : Croates, Serbes, Slovènes. Les peuples latins se répartissaient entre Italiens, Roumains et Romanches, sans oublier les nombreux Juifs de la partie orientale de l'Empire qui parlaient le yiddish.

Le grand dramaturge autrichien Franz Grillparzer (1791- 1872), humaniste du dix-neuvième siècle, était largement en avance sur son temps. Il était l'adversaire du nationalisme et il entrevoyait dans le fanatisme et le particularisme national une force destructrice pour sa patrie. Il affirma :

« Je ne vois que le coté humain des gens, seule la particularité ethnique la plus prononcée peut me faire souvenir de leur nationalité »

Et encore ces paroles d'une résonance prophétique :

« La voie de l'humanité va vers la nationalité, et de la nationalité vers la bestialité. »

Le 28 juin 1914 à Sarajevo, en Bosnie, le prince héritier François-Ferdinand était victime d'un attentat, fomenté par des nationalistes serbes. Un destin cruel frappait précisément cet homme, qui n'avait pas cessé d'intervenir en faveur d'un arrangement avec les Slaves de la Monarchie. Mais peut-être était-ce aussi le motif du crime, car l'action de François-Ferdinand contrariait les mouvements séparatistes des milieux slaves austro-hongrois. Cet Etat composé d'une mosaïque de peuples avait vécu, il était désormais trop tard pour des réformes.

L'Autriche des Habsbourg a-t-elle eu une responsabilité dans la montée des nationalismes en Europe centrale et dans les Balkans ?

Peut-on lui reprocher de ne pas avoir su assimiler, fût-ce par la force, les peuples de l'Europe centrale ?

La question demeure ouverte en regard de l'actualité de ce début du XXI ème siècle et de la résurgence de nationalismes exacerbés dans cette partie de l'Europe.

A la fin de la Première Guerre mondiale, l'Autriche n'était plus l'îlot germanophone d'une Monarchie danubienne en miettes. Clemenceau la définissait ainsi:

« l'Autriche c'est ce qui reste ! ».

Vienne, l'ancienne métropole, n'était plus que la tête boursouflée d'un petit état. Mais la Hongrie aussi avait été sévèrement mise à mal par le traité de paix de Trianon. Elle perdait 68 % de son territoire et 59 % de sa population, dont trois millions de Magyars, cédés aux états successeurs voisins, Yougoslavie, Roumanie et Tchécoslovaquie.

A coté de Vienne, Prague constituait avant la Première Guerre mondiale un second foyer littéraire de langue allemande. Cette ville est la patrie d'écrivains de renom tel que Franz Kafka (1883-1924), Rainer Maria Rilke (1875-1926), et Franz Werfel (1890-1945) profondément liés à Prague.

Paul Celan, né à Czernowitz dans l'ancienne Bucovine est un poète majeur du XXe siècle. L'allemand était sa langue maternelle et littéraire et le français devînt sa langue familiale lorsqu'il s'installe à Paris en 1948. Ces écrivains ont en commun la langue allemande, mais sont de sociétés différentes. De la même façon, il existe une littérature anglaise ou américaine. On peut lire « Les Buddenbrook » et « L'Homme sans qualité » comme deux romans allemands, mais pour les comprendre vraiment, il faut saisir l'environnement de ces deux mondes totalement différents. On trouve chez Thomas Mann une société très allemande, plus spécialement celle de l'Allemagne du nord et chez Robert Musil une société très autrichienne, voire d'Europe centrale.

La littérature autrichienne se développe très tard, à partir de 1800, et on peut considérer que c'est avec le dramaturge autrichien Franz Grillparzer (1791-1872) que commence la montée de la littérature autrichienne. La langue parlée ou écrite n'a jamais joué le même rôle dans la société autrichienne que dans la société allemande. Dans les territoires protestants du Nord, après la traduction de la Bible par Luther, l'allemand devient la langue du service religieux, de l'enseignement, de la lecture et de la littérature. Dans les territoires catholiques du sud, dont l'Autriche, le latin reste la langue savante dans les écoles ou dans les universités. Les messes sont dites en latin.

La contre-réforme catholique envers le protestantisme en Autriche après 1600, a donc fait naître deux sociétés bien différentes quant à la place de la langue allemande, entre les Allemands du Nord et les Autrichiens au Sud. L'Autriche n'a pas non plus connu un mouvement comparable à «l'Aufklärung allemand » ou au « Siècle des

Lumières » en France. On a coutume de dire que là où un Allemand parle et écrit, un Autrichien chante et joue.

C'est seulement sous l'Empereur Joseph II (1741-1790) dit le réformateur, que la langue allemande fut imposée dans l'enseignement.

L'allemand autrichien, la langue du peuple, trop divisée en dialectes régionaux est inutilisable pour faire de la littérature. Quand on compare aujourd'hui l'interview dans la rue d'une personne de Hambourg ou d'une autre de Vienne, le fossé linguistique est grand. Le choix du vocabulaire, la prononciation, le dialecte très fort pour l'Autrichien, tout les sépare. L'Autrichien sait lire et écrire la langue littéraire, le « Schriftdeutsch », mais il ne le parle pas, mieux même, il cultive volontiers ce parler dialectal pour se distinguer de l'allemand.

Dans la littérature autrichienne d'avant 1920 se trouve très souvent un fil conducteur commun autour de la Maison des Habsbourg, de cette Mitteleuropa, de cette culture pluriéthnique issue de la cohabitation de tous ces peuples aussi dissemblables, mais autour également de ces religions diverses .

Ce carrefour de trois grandes cultures, celle des Germains, des Latins et des Slaves est décrit par les plus grands auteurs autrichiens comme Musil, Zweig, Werfel, Roth, etc.

Mais d'autres grands sujets : le conflit intérieur, le refoulement, la névrose, toute cette culture d'un pays qui à vu naître Sigmund Freud sont aussi traités dans la littérature.

La littérature autrichienne a gagné sa place parmi les plus grandes dans le monde littéraire avec des auteurs aussi prestigieux que : Arthur Schnitzler, Öden von Horvath, Hoffmannsthal, Ingeborg Bachmann, etc.

En 1981 Canetti, Autrichien d'adoption, reçoit le prix Nobel de la littérature, une consécration que jusque là aucun autre Autrichien n'avait jamais obtenu. Canetti (1905-1994), né de parents juifs en Bulgarie, était vraiment le parfait citoyen du monde. Il vécu entre Londres, Zurich, Berlin, Francfort et Vienne, ville qu'il dût quitter en 1938. La rencontre à Vienne avec Karl Kraus, influença son écriture. Canetti parlait cinq langues, mais toute son œuvre est rédigée en allemand. Lors de l'attribution du prix Nobel, on s'interrogea sur sa nationalité. Il était en effet écrivain britannique, d'origine bulgare et d'expression allemande. Mais le prix Nobel fut décerné officiellement à un auteur autrichien.

Les auteurs autrichiens d'après guerre : Ernst Jandl, Elfriede Jelinek, Peter Handke, etc. se sont fait une place de première importance dans le vaste ensemble de la littérature allemande d'où émerge aussi Thomas Bernhard, ce grand maître de l'invective anti-autrichienne, avec sa véritable haine-amour pour l'Autriche

Ils sont tous traduits et lus dans le monde entier, comme leurs illustres prédécesseurs.

Le génie de cette Mitteleuropa qui s'identifie dans la langue allemande, donnera ainsi au monde certains de ses plus grands penseurs dans tous les domaines, des arts et des sciences.

3. Bibliographie

OUVRAGES ET REVUES

Les 10 questions qui faches les Européens, de Pierre Moscovici, édi-tionPerrin, 2004

L'elargissement de l'Europe, de Jean Dominique Guiliani, édition PUF, coll. Que sais-je ? 2004

Les Européens en 2004, de Dominique Reynié, édition Odile Jacob, Fondation Robert-Schumann, 2004-08-01

Le nouvel Etat de l'Europe- les idées forces pour comprendre les nouveaux enjeux de l'Union, sous la direction de Mario Dehove, édition La Découverte, coll. 2tat du monde, avril 2004

L'élargissement de l'Union européenne, jusqu'où ? de Jean François Drevet, édition l'Harmattan, avril 2004

Les Européens face à l'élargissement – perception, acteurs, enjeux , de Jacques Rupnik, édition Presse de Sciences- Po, 2004

Le courrier des pays de l'Est, mensuel, de janvier à décembre 2003 à 2004

Rélation économique France – PECO depuis 1990, La documentation française

Gerhard Waldheim, Der Westen braucht den Osten, édition WIIW, Vienne 1993

Raimund Dietz & Peter Havlik, Auswirkungen der EU-Ost-Integration, édition WIIW, N161 novembre 1995,Vienne

Czeslaw Bywalec, Einkommen und Konsum im Prozess der Wirt-schaftstransformationen der Visgrad-Länder, édition WIIW,N°224, janvier 1996 Vienne

K. Laski, Der aktuelle Stand der Diskussion über die Transformati-onsprobleme, édition, Europäische Rundschau, N°142 Vienne 1992

Bürges Förderungsbank des Bundesministeriums für wirtschaftliche Angelegenheiten, Taborstrasse 10, A1020 Wien

European Bank for Reconstruction and Development EBRD
One Exchange Square
GB-London EC2A 2EH

Articles de :

Claude Hagège, Les langues et l'Europe

Alain Rey, Les Langues en évolution

Ulrich Ammon, Choix de la langue et pouvoir

Jean -Pierre Stoobants, Une Europe à 21 langues,

Le Monde , mercredi 3 juillet 2002

Arnaud Leparmentier, Le Monde, mardi 17.02.2004

Hans Waschek, 1000 Jahre Österreich, édition Wilhelm Hayne, München, 1996

Hannes Anrosch, Investitionsleitfaden in Osteuropa, édition Wirtschaftsverlag, Wien, 1996

Carola Gottzmann, Unerkannt und (un)bekannt Deutsche Literatur in Mittel-und Osteuropa, édition Orpheus 5, 1991

Kurt Jungwirt, La littérature autrichienne est autrichienne, article publié dans L'Autriche présente N°2, 1993

DOCUMENT DE TRAVAIL DU FMI

Stanley Fischer et Ratna Sahay, «Économies en transition : bilan nuancé», Finances et Développement, septembre 2000, p. 2-6;

Charles Wyplosz, «Ten Years of Transformation: Macroeconomic Lessons», Document de travail, avril 1999;

Oleh Havrylyshyn, Ivailo Izvorski et Ron van Rooden, "Recovery and Growth in Transition Economie", 1990-97:

« A Stylized Regression Analysis», Document de travail du FMI 98/141, septembre 1998;

DOCUMENT DE TRAVAIL DU FMI 00/117, JUIN 2000.

Oleh Havrylyshyn et John Odling-Smee, «Réformes en panne» Finances et Développement, septembre 2000, p. 7-10.

15 Anders Aslund, «State and Governance in Transition Economies», Ébauche, 15 juin 2000.

SUR INTERNET

Union Européenne Eurostat, commissaire chargé de l'élargissement, site Web de gouvernements etc.

www.europa.eu.int

www.bundesregierung.de

www.auswaeriges-amt.de

www.bundesregierung.at

www.magazine-deutschland.de

www.phil.uni-erlangen.de

http://www.derweg.org/deutschland/geschichte/

http://www.erlangerhistorikerseite.de/ma_resso.html

http://www.bpb.de/wissen/0199133888573706143273426 2404656,0,0,HpS_Bundesrepublik_Deutschland_040402.html

http://opensite.org/International/Deutsch/Regional/Europa/Deutschland/Geschichte/

http://www.auswaertiges-amt.de/www/de/laenderinfos/laender/laender

http://land.heim.at/yellowstone/230064/flag/Geschichte.html

http://members.aon.at/avojtek/oesterreich%20Geschichte.htm

http://laender.lexas.de/o/oesterreich/oesterreich-geschichte.htm

http://www.nato.int/home-fr.htm

www.leforum.de

http://www.lemonde.fr

www.ladocumentationfrancaise.fr/

http://www.spiegel.de/

www.ingramcontent.com/pod-product-compliance
Lightning Source LLC
Chambersburg PA
CBHW022325280326
41932CB00010B/1232